書山有路勤為徑
學海無涯苦作舟

書山有路勤為徑
學海無涯苦作舟

快樂、悲傷還邊站

66項 正向活法智慧書

有句話說：「被蟲咬過的果子更甜，那些殺不死你的，都會使你變得更強大。」因此，千萬不能因為一時不順遂，就用悲觀的態度來看待自己的未來，要知道，悲觀是一天，樂觀也是一天，**所以，我們何不用樂觀的正面心態，來面對即將到來的橫逆和挑戰。**

嘻嘻哈哈
也一天

方向乾 編著

序言：「痛苦」總是跟隨著「比較」而來

不快樂的人，總是相信別人比自己快樂，比自己更順心，更能掌握自己的人生，但他們沒有想到，別人也同樣會有跟自己相同的問題。

每個人都有痛苦的時候，而人之所以會痛苦，其實是因為不知道有人比自己更痛苦，殊不見，人們在做比較的時候，通常看到的總是別人的歡樂，總愛拿別人如意的地方和自己不如意的地方相比，因此，才會總是覺得自己比別人差，以至於每日為此鬱鬱寡歡。

佛陀慈悲，他為了消除人間疾苦，有一天把全世界自認為最痛苦的一百個人聚在一起。

佛陀問他們：「你們很痛苦嗎？」

人們爭著說自己非常痛苦。

佛陀說：「好！知道你們都很痛苦，現在每一個人都把自己痛苦的事情寫在紙條上。」

大家很快就寫好了。

佛陀又說：「現在拿手中的紙條與別人交換。」

這一百人在交換過別人的痛苦後，紛紛傳出驚叫，接著急忙要回自己原先的痛苦。

不快樂的人，總是相信別人比自己快樂，比自己更順心，更能掌握自己的人生。但他們沒有想到，別人也同樣會有跟自己相同的問題。正由於他們不去想，因此，就產生了自怨自艾的想法。

在修行的路上，我遇見過許多不快樂的人，他們可能是鼎鼎有名的企業大老闆或是普通的攤販走卒，也有家庭主婦、退休老人和依然青澀的大學生，他們因為各式各樣的原因，譬如有些是因為家庭關係失衡、學業碰到瓶頸、人際關係不佳、生活找不到重心而開始修行，又譬如有的是因為心理疾病纏身，而把修行當做最後的方法。

而多年來的經驗，讓我發現不管身分為何、開始修行的理由為何，他們都有一個共同的心結，也就是「只裝得下痛苦的心」。

他們眼中只看著自己痛苦，心中也就只裝得下痛苦，如此過著被痛苦包圍的生活，使得心理狀態變得越來越糟。

其實，再如何痛苦的人生，過程之中依然會有快樂，人生是一個過程，從胎兒，嬰兒，孩童，少年，青年，中年，到老年。這個過程詮釋著生命的真諦，包含了人活著的酸甜苦辣，凸顯著人生得意的光芒和失意的黯淡。我們不該因為過程中想要得到又會轉瞬即逝的東西而憂心忡忡，甚至盲目浮躁！

人生是過程，在這個過程中，我們會不斷地設定人生目標。然而，要知道人生目標是我們永遠的明天，我們的人生永遠是今天，是此刻，是轉瞬即逝的現在！

有目標的人是活得有意義的人，能看重人生本身這一過程，並把握住過程讓自己活得充實而真實的人。

「沒白活一輩子」應該是目的和過程兩方面都有品質。許多人活了一輩子，到頭來，還沒有得到人生過程的樂趣，沒有享受人生，這是一種生命自覺與自省的缺乏，因為，既然生命的結局都一樣，那麼我們為何不把過程過得精彩輕鬆一些呢？

沉浮動靜皆人生，體悟每種境遇，不以物喜，不以己悲，得失沉浮皆是人生所獲得的賜予。但是如果我們總用一種效益座標來判別人生的狀況，前進為正，後退為負，上升為優，下沉為劣，那麼，就永遠不能讀懂人生。

因此，我才想編寫這樣一本書——讓更多擁有「只裝得下痛苦的心」的人們能夠察覺，我們在那些痛苦底下，還有著比珍珠更加耀眼的佛性，而這也是這本書的主題。

然而，本書的內容，係依照這幾年聽到的有意思的禪門公案和小故事，再加上這些年來的人生經歷和體悟，讓每一個有意接近佛法的人，可以用最自然而輕鬆的方式來進行修行，來決定自己到底要選擇快樂和悲傷？進而能夠透過這些修行來療癒心靈，以及與自己心中的苦痛和解。

目 contents 錄

第二輯　生命中缺少的不是風景，而是發現美麗風景的眼睛／63

第三輯　你對待別人的態度，決定你的人生高度／111

目 contents 錄

第五輯

目 contents 錄

第一輯　悲觀是一天，樂觀也是一天

不能因為一時不順遂，就用悲觀的態度來看待自己的未來，要知道，悲觀是一天，樂觀也是一天，因此，我們何不用樂觀的心態，來面對即將到來的橫逆和挑戰。

正向活法1

生活再怎麼難過，也不過就是「一碗飯」的問題

當一個人過分執著於自己所擁有的，沉醉於成就當中，是非常容易迷失的。

在人生的道路上，條條大路通羅馬。人生道路上，岔道很多，只有勇於換跑道的人，才能在「山窮水盡疑無路」之後，迎來「柳暗花明又一村」的人生境界。

真正有能力的人，是不會猶豫不前的，他們需要從一個高峰攀登到另一個高峰。

有兩個不如意的年輕人，一起去拜望一位禪師，他們一起向禪師問道：「師父，我們在辦公室被欺負，太痛苦了，求您開示，我們是不是該辭掉工作？」

禪師閉著眼睛，隔了老半天，吐出五個字：

「不過一碗飯。」

就揮揮手，示意年輕人退下了。

回到公司，這兩個年輕人，一個遞上辭呈，回家種田，另一個卻沒動。日子過得真快，轉眼十年過去，回家種田的，以現代方法經營，加上品種改良，居然成了農業專家。另一個留在公司裡的，他忍氣吞聲、努力學，漸漸受到器重，後來成為經理。

有一天，兩個人偶然在路上相遇。

農業專家問另一個人：「奇怪！師父給我們同樣『不過一碗飯』這五個字，我一聽就懂了，不過一碗飯嘛！日子有什麼難過？何必硬巴著公司？所以辭職。你當時為什麼沒聽師父的話呢？」

「我聽了啊！」那經理笑道：「師父說『不過一碗飯』，多受氣、多受累，我只要想『不過為了混碗飯吃』，老闆說什麼是什麼，少賭氣、少計較，就成了！師父不是這個意思嗎？」

兩個人又去拜望禪師，禪師已經很老了，仍然閉著眼睛，隔了老半天，答了五個字：「不過一念間。」

然後，揮揮手……

正向密碼

被蟲咬過的果子更甜，那些殺不死你的，都會使你變得更強大

人最大的私心，是愛自己。

凡是和自己有切身關係的人情世故，都是他貪戀、佔有的對象。從情感的角度來說，夫妻、男女之間的感情，是獨一無二、不容許第三者的介入，連子女對父母的情感，也不容他人佔有、分享。

從事物的角度來探索，人往往為了權勢、地位、名利，因此患得患失。就跟這兩個為了工作所苦的年輕人一樣，得不到時，處心積慮想爭取工作機會，得到了又怕失去，而失去之後又痛苦懊惱，整個心便完全充滿著這種貪戀與佔有的心態而導致內在翻騰不已。

這類因貪愛所造成的煩惱，其實是無量無邊。

事實上，當我們死了之後，什麼也帶不走，只有那些因為功名利祿、私心染著所造下的業，會緊隨著我們生生世世而輪迴，所以，想要修行得到解脫，一定要從去除我見、我愛、我慢、我癡這四種心態下手。

如果失戀被男朋友或女朋友拋棄之後，或許可以這樣想：「戀愛就好比一次旅行，你

走過一棵樹，這棵樹上結著好可愛的果子，但是你搆不到，你踮起腳，可還是搆不到。這個時候你怎麼辦呢？你應該對自己說：往前走吧，前邊還有其他的樹。」

既然前面還有其他樹，我們又何必獨戀在一個樹上吊死呢？人生在世，成功的道路很多，既然在原來的地方行不了，就要勇敢地走出來。唯有如此，才能獲得更大的發展空間。

↗改變自己的正向智慧

一、「人不要死執自己的觀念」。一個人與其在自己不擅長或不適應的領域裡苦苦掙扎，倒不如換個地方更能發展自己。

二、人生不可能推倒重來，生活道路卻可以自由選擇，在一個領域呆久了，或在自己不擅長的領域裡熬下去，只會壓制自己才能的發揮，如果，換個地方，很可能就是另一番天地。

三、一個人能在摔倒中爬起來並不困難，困難的是爬起來後，走得更好。挫折失意，讓弱者失望灰心，但對於強者，可能是一次飛黃騰達的機遇。

正向活法2

只有懂得放下時，我們才真正能把握

提得起，才放得下。我們在說放下的本身，就包含我們正在提著、捏著一些東西不放，否則幹嘛要放下呢？

通常，我們見到有些修行人的心境超脫覺得羨慕，但卻不能親自修行，就算懂得再多佛理也只是如此，這就好比有些人擅長醫方藥理，自己的疾病卻不能治療，那麼即使懂得再多醫理又如何呢?又比如空數別人的珍寶，自己卻沒有半分錢，想擁有卻不思考該如何得到，只會一味地羨慕別人。

某歐洲國家一位著名的女高音歌唱家，芳齡僅僅三十歲就已經紅得發紫，譽滿全球，而且郎君如意，家庭美滿。

一次她到鄰國開獨唱音樂會，入場券早在一年以前就被搶購一空，當晚的演出也受到

極為熱烈的歡迎。

演出結束之後，歌唱家和丈夫、兒子從劇場裡走出來的時候，一下子被早已等在那裡的觀眾團團圍住。人們七嘴八舌地與歌唱家攀談著，其中不乏讚美和羨慕之詞。有的人恭維歌唱家大學剛剛畢業就開始走紅，進入了國家級的歌劇院，成為國家歌劇院色最年輕的表演者；有的人恭維歌唱家有個腰纏萬貫的某大公司老闆做丈夫，而膝下又有個活潑可愛、臉上總帶著微笑的小男孩……

在人們議論的時候，歌唱家只是在聽，並沒有表示什麼。

等人們說完以後，歌唱家才緩緩地說：「我首先要謝謝大家對我和我的家人的讚美，我希望在這些方面能夠和你們共享快樂。但是，你們看到的只是一個方面，還有另外的一個方面沒有看到。那就是你們誇獎活潑可愛、臉上總帶著微笑的這個小男孩，是一個沒辦法說話的聾啞人，而且，他還有一個姐姐，是需要長年關在裝有鐵窗房間裡的精神分裂症患者。」

歌唱家的一席話使人們震驚得說不出話來，似乎是很難接受這樣的事實。

這裡，歌唱家又心平氣和地對人們說：「這一切說明什麼呢？恐怕只能說明一個道理：那就是上帝給誰的都不會太多。」

正向密碼

不只是將情緒放下，還要把心也放下。

孩子往往羨慕大人；老人往往羨慕孩子；普通人羨慕名人；名人又羨慕普通人。羨慕的感覺都是相似的，羨慕的對象卻各有不同：失敗者羨慕成功者，醜陋者羨慕美貌者，窮人羨慕富翁……

這樣的羨慕是永無止境的，放下這些掛念吧，提得起，放得下，才有資格學佛；提得起，放得下，自然就可以成佛。

學禪的師兄弟走在一條泥濘的道路上。當他們走到一處淺灘時，看見一位美麗的少女在那裡踟躕不前。由於她穿著絲綢的衣服，使她無法跨步走過淺灘。

「來吧！小姑娘，我背你過去。」大和尚說罷，把少女背了起來。

過了淺灘，他把小姑娘放下，然後和小和尚繼續前進。

小和尚跟在大和尚後面，一路上滿心不悅，但也都默不做聲。

晚上，回到寺院後，他忍不住了，對大和尚說：「我們出家人要守戒律，不能親近女色，你今天為什麼要背那個女人過河呢？」

尚笑著答道。

「呀！你說的是那個女人呀！我早就把她放下了，怎麼你到現在還掛在心上？」大和尚笑著答道。

大和尚雖然懷中有美女而心中無美女，所以沒有牽念。小和尚則相反，他雖沒有背那個美麗的少女過河，卻一直念念不忘。

不過小和尚心中有根樑木，因他畢竟是小和尚，所以他懷中無美女，心中有美女，一直耿耿於懷，這叫提得起。然而，他提起這根樑木，就有放下做舵的希望，因為，根本沒有提起什麼，就不能放下什麼東西了。

大和尚從來沒有把女色放在心上，所以始終這麼坦然，而小和尚太過在意「女色」，反而整個心都被困住了。

↗改變自己的正向智慧

一、不要羨慕別人的生活，別人不見得比你活得好，每個人都要有自己的歡樂和痛苦。

二、多跟別人聊聊，多看自己有的，而不看自己缺少的，你就會發現原來你所擁有的，也許恰恰是別人所缺少的，與其為別人的擁有而不平，不如為自己的擁有而開懷。

正向活法3

慾望只會帶來失望，知足才會帶來滿足

知足的人，雖臥地上，猶如天堂；不知足的人，雖處天堂，亦如地獄。

俗話說：「慾望不多的人，就沒有失望；慾望越大的人，痛苦越多。」

我們可以從佛陀的弟子大迦葉塚間修行，從孔子的門人顏回居陋巷來看，得到「苦就是由於多慾而來，多慾就是苦的根源」的證明。

經文說：「生死疲勞，從貪慾起。」眾生在六道中生死輪迴不已，死了又生，生了又死，這樣的疲勞辛苦，不就從貪慾而來的嗎？

就拿現實的生活來說，終日營求貪取，做著生活的牛馬，不時患得患失，惶惶不安，這也都是從貪慾而來。

過去，有農夫、商人二人相約出遊，他們在路上撿到一塊金元寶，二人大喜，商量結

果，公平均分。

路上，農夫對商人說道：「這一塊金元寶，讓我們二人撿到，是當地城隍老爺有眼，給我們發財的機會，我們應該買些酒菜來拜拜，感激城隍爺的恩惠。」

商人也很認同農夫的作法，就開開心心的到市場大買酒菜。

但此刻，二人心中各懷了鬼胎。因為，兩人不約而同地在內心暗想：「這塊金元寶，兩個人平分，一人只有一半，這一半能用多久？」

於是，商人就偷偷在酒菜裡放些毒藥，準備害死農夫，他好一個人獨得那一塊金元寶！而在城隍廟的農夫見到廟中無人，準備了一把斧頭，想砍死商人，以讓自己獨得那一塊金元寶！

半個小時後，當商人的酒菜買來，正在向城隍爺禮拜的時候，想不到農夫從他的背後一斧頭就砍掉他的腦袋！

商人死後，農夫歡喜非凡，正想拿著金元寶逃之夭夭的時候，忽然覺得飢腸轆轆，他心想，何不將供在城隍爺前的酒肉拿下來充飢？

他一人自斟自酌，忽覺天旋地轉，藥性發作，不久就一命嗚呼了！

這二人因為貪慾過大，皆想獨得金元寶，因此萌發害人之意，沒想到卻害了自己！這是因果現報，也說明了一切罪惡都是從貪慾生起的。

正向密碼

只有不斷地懺悔、檢討，改掉陋習、缺點，才能讓心永遠保持清淨。

有一位虔誠的婦女信徒，每天都從自家的花園裡採擷鮮花到無德禪師的寺院供佛。有天，無德禪師欣喜地對她說道：「依據佛經典籍，像你這樣每天都這麼虔誠地以香花供佛，來世當得莊嚴相貌的福報。」

女信徒非常高興地回答：「這是應該的，每天我來寺禮佛時，感覺心靈就像洗滌過一樣的清涼，但是，一回到家中就開始心慌意亂。請問禪師，要如何做才能夠在瑣碎煩悶的生活中保持一顆清淨純潔的心呢？」

無德禪師反問道：「你以鮮花獻佛，應該對花草有一些常識，我現在問你，該如何保持花朵的新鮮呢？」

女信徒答道：「保持花朵新鮮的方法，莫過於每天換水，並且在換水時把花梗剪去一截，因花梗的一端在水裡容易腐爛，腐爛後的花梗很難吸收到水分，鮮花就容易凋謝！」

無德禪師說道：「保持一顆清淨純潔的心，道理也是這樣的。我們生活的環境像瓶裡的水，我們就是花，只有不停淨化自己的身心，變化自己的氣質，並且不斷地懺悔、檢討，改掉陋習、缺點，才能讓心保持清淨。」

女信徒聽後，歡喜作禮謝道：「謝謝禪師的開示，希望以後有機會親近禪師，過一段寺院禪者的生活，享受晨鐘暮鼓，菩提梵唱的寧靜。」

無德禪師說道：「妳的呼吸便是梵唱，脈搏跳動就是鐘鼓，身體便是廟宇，兩耳就是菩提，無處不是寧靜，又何必要到寺院中生活呢？」

↗改變自己的正向智慧

一、世間上喪身害命的，往往都是由於貪慾的緣故。你看那飛蛾投火，魚兒上鉤，不就是貪慾所促使的嗎？你看那些因盜竊罪、姦淫罪而被囚禁在監獄的犯人，不都是貪慾所陷害的嗎？

二、清空了心靈，才有了讓生命一次次遠行的條件。人格的偉大之處就在於它能超出欲望的需求而追求品德的完善。

三、讓你的身心成為禪的道場：呼吸便是梵唱，脈搏跳動就是鐘鼓，身體便是廟宇，兩耳就是菩提。那樣的話就無處不是寧靜，無處不是清淨了。

正向活法4

好好活在不如意的人生中

世事沒有一帆風順的，與其撐著不死，或是好好活著，表面看來沒什麼區別，其實質卻大相逕庭。

不如意事常八九，可與人言無二三，人生總是如此。

生活的畫卷已經攤開在你面前，是屈服地背道而行，還是坦然地積極描繪，生活會告訴你不同的答案。

有人說，人的一生之中只有三件事，一件是「自己的事」，一件是「別人的事」，一件是「老天爺的事」。

今天做什麼，今天吃什麼，開不開心，要不要助人，皆由自己決定；別人有了難題，他人故意刁難，對你的好心施以惡言，別人主導的事與自己無關；天氣如何，狂風暴雨，山石崩塌，人力所不能及的事，只能是「謀事在人，成事在天」，過於煩惱，也是於事無補。

大熱天，小和尚看禪院裡的花要被曬萎了。

「天哪，快澆點水吧！」小和尚喊著，接著去提了桶水來。

「別急！」老和尚說，「現在太陽曬得很，一冷一熱，非死不可，等晚一點再澆。」

傍晚，那盆花已經成了「梅乾菜」的樣子。

「都是因為不早點澆水……」小和尚見狀，咕咕噥噥地說，「一定已經乾死了，怎麼澆也活不了了。」

「澆吧！」老和尚指示。水澆下去，沒多久，已經垂下去的花，居然全都挺直葉桿站立起來，而且生機盎然。

「天啊！」小和尚喊，「它們好厲害，病懨懨的撐在那兒，居然都不會死。」

老和尚糾正：「不是撐著不死，是好好活著。」

「這有什麼不同呢？」小和尚低著頭，十分不解。

「當然不同。」老和尚拍拍小和尚，「我問你，我今年八十多了，我是撐著不死，還是好好活著？」

小和尚低下頭沉思起來。

晚課結束之後，老和尚把小和尚叫到面前問：「怎麼樣？想通了嗎？」

「沒有。」小和尚還低著頭。

老和尚嚴肅地說：「一天到晚怕死的人，是撐著不死；每天都向前看的人，是好好活著。得一天壽命，就要好好過一天。那些活著的時候天天為了怕死而拜佛燒香，希望死後能成佛的人，絕對成不了佛。」

說到此，老和尚笑笑：「他今生能好好過，卻沒好好過，老天何必給他死後更好的生活？」

對於禪院裡的花來說，「和尚沒澆水」雖然很不如意，但那是和尚的事，「好好生長」才是它自己的事，這盆向前看的花，得一天壽命，便好好過一天，真正理解了生命的意義。

正向密碼

用怎麼樣的心態來面對人生，人生就會活成什麼樣子。

哀莫大於心死，撐著活其實就是已經心死。生活在這個世界時，都沒有領悟何為真生命，還能指望他死後能有全新的生命嗎？

做一個好人其實很容易，擁有一個幸福的人生其實也很簡單：

「第一是不要拿自己的錯誤懲罰自己，第二是不要拿自己的錯誤懲罰別人，第三是不要拿別人的錯誤懲罰自己。」遵守這「人生幸福三訣」，就不會讓自己活得太累。

「不要拿自己的錯誤懲罰自己」，人非聖賢，孰能無過？如果一有過錯，就終日沉浸在無盡的自責、哀怨、痛悔之中，那麼其人生的境況就會像泰戈爾所說的那樣：「不僅失去了正午的太陽，而且將失去夜晚的群星。」

人們都會為自己的過錯而痛悔，但「不要拿自己的錯誤懲罰別人」，並不是一種很容易達到的境界，它需要「胸藏萬匯憑吞吐」的大器量。

「不要拿別人的錯誤懲罰自己」，不讓別人的做法決定自己的人生原則，為別人的錯誤埋單實在不划算。

生活是一幅畫作，每個人都有自己認為最美的一筆，每個人也都有自己認為不盡如人意的一筆，關鍵在於你怎樣看待，要知道有煩惱的人生才是最真實的，同樣，認真對待紛擾的人生才是最舒坦的。

↗改變自己的正向智慧

一、人活得「屈服」，離道越來越遠，只是因為，人總是忘了自己的事，愛管別人的事，擔心老天的事。

二、要輕鬆自在很簡單：只要打理好「自己的事」，不去管「別人的事」，不操心「老天爺的事」，就能自在簡單的生活著。

正向活法5

悲觀是一天，樂觀也是一天

不能因為一時不順遂，就用悲觀的態度來看待自己的未來，要知道，悲觀是一天，樂觀也是一天，因此，我們何不用樂觀的正面心態，來面對即將到來的橫逆和挑戰。

人在宇宙中是一類很特殊的生物，其存在的情況跟其他生物相較，極為不同。

對於一塊石頭、一片土壤這類非生物來說，它們既不知道自身存在，亦不知道自身以外還有其他存在物存在。它們的存在，只不過被放置在宇宙中的這裡或那裡而已。很明顯，對於這類存在物而言，它們自身不會出現存在的意義問題。

對於一朵鮮花、一株草這類植物來說，它們同樣不知道自身以及自身之外還有其他存在物存在。然而，它們的存在卻需要依賴其他存在物諸如陽光、水分和空氣等來維持。假如陽光、水分和空氣等存在物不存在，它們的存在即不可能。此外，它們還可以藉著生長而稍作移動。不過，即使如此，對於這類存在物而言，它們自身亦不會出現存在的意義問題。

對於一隻小狗、一頭黃牛這類動物來說，它們雖然不能透過反省而知道自身存在，但卻能夠透過知覺感到有其他存在物存在。藉著知覺與運動，它們更能主動地接近或逃避其他存在物以獲取食物和避免危險，從而使自身的存在得以維持。然而，儘管如此，對於這類存在物而言，因為缺乏反省思考的能力，它們自身也不會出現存在的意義問題。

但對於人這類特殊的動物來說，情況便不同了。人除了能夠透過知覺知道有其他存在物存在之外，還能透過反省知道自身存在。由於，藉著高度的思考能力，人能夠反省自身的存在現狀，進而改變現狀及創造將來，因此，我們千萬不能因為一時不順遂，就用悲觀的態度來看待自己的未來，要知道，悲觀是一天，樂觀也是一天，因此，何不用樂觀的正面心態，來面對即將到來的橫逆和挑戰。

正向密碼

如果不想讓人生白活，就要讓活著的每一天都要有每一天的意義。

對於人生意義的觀察或看法，各人有其不同的觀點，約略可以分成四種：

第一種是渾渾噩噩的人生，他們是不注意人生，不理解人生，只是糊糊塗塗地生，懵懵懂懂地死，例如愚夫愚婦之類。

第二種是模稜兩可的人生，對人生的道理認識不清，自己沒有主見，這樣不差，那樣亦好，例如「五教同源，九流合一」之類。

第三種是各是其是、各非其非的人生，對人生的道理各持己見，如盲人摸象，不得其真，例如哲學家的唯心唯物、宗教家的崇梵崇帝等等。

第四種是洞達實相的人生，由於修養而徹悟人生的本體，了知人生究竟是怎麼一回事，例如佛教創始者釋迦牟尼佛，自從菩提樹下夜觀明星，朗然大覺，徹知宇宙原理是緣起無盡，人生真相是業力輪迴的順生與還滅而已。

人生是短促的、有限的，這句話誰都知道。如莊子說：「吾生也有涯，而知也無涯」。這就是說明人生不是長命永生，而是短促的、有限的。

李白有一首詩中說：「君不見高堂明鏡悲白髮，朝如青絲暮成雪」，這也是形容人生的短促，早上是一個妙齡少女，晚上就變成白髮皤皤的老太婆了。而司馬遷在《史記》中說：「人生一世間，如白駒過隙。」白駒是代表日影，人生一世，如在壁隙中看日影似奔馬地閃過，比李太白的朝絲暮雪跑得更快了。

然而，不論是李白的詩，還是司馬遷在《史記》中所說的，都是在提醒我們在人生短促的歲月裡，必須做一些可以展現生命價值的事，讓自己活著每一天，都有每一天的意義。

↗改變自己的正向智慧

一、人生的歲月有限，但是我們的生命意義卻可以無限。如果能活一百歲，卻不去學好的東西，還不如好好活一天，去追求真理。

二、人生有沒有意義，就在於我們到底是重視生命「價格」還是生命「價值」？

三、其實，每個人的生命都是「無價」，因此，不需要動不動就向別人強調自 己的「身價」。

正向活法6

慾望不可能滿足，貪愛永沒有止境

蘇東坡說：「人之所慾無窮，而物之可以足吾慾者有盡。」

一切世間的慾望，沒有一個人不想滿足，然而，這些慾望有著非常大的危害，為什麼還要自找傷害？

一切學問，不論是科學、藝術也好，文學、政治也罷，雖然可以改進人類生活，但也助長人的慾望，雖然能夠增進人類的幸福，但也帶給人類苦惱，所以對人類來說〞就像是可以「載舟」也可以「覆舟」的水一樣。

大家爭求著聲色名利的慾樂，對於慾樂中隱藏的痛苦，並不畏懼，這都是由於眾生迷失本性，在生死輪迴中，以苦為樂，積習難返，終日為慾所囚，而不知道向佛法中尋求解脫。

有一個故事是這樣的：在印度恆河的岸邊，有一隊背著魚籠從市場趕回家的婦女，在路上遇到一陣豪雨。

這時，天漸漸的暗下來，但離家還有五、六公里的路途，正當她們無法可想的時候，恰好有一個花店的主人留她們在家過夜。

屋內全是花，充滿了芬芳的香味，她們辛苦了一天，非常疲倦，但躺下來後，卻怎樣也睡不著，芬芳的花香使她們反而感到不習慣，直到晨雞報曉的時候，她們都還不能入睡。

其中有一個聰明的女人，去把魚籠拿來放在床頭，腥味蓋覆花香，這樣，她們才安然地睡了一會兒。

被慾所囚的世間，污穢腥臭，大家久處其中，反而以為快樂，就如前述故事喜聞腥味的那群婦女一般。

當然，慾，不一定完全是壞的，佛經裡寫明了，慾有「雜染慾」和「善法慾」之分。內心不淨、貪著外境的名利聲色是慾，有著為人服務的理想、從事社會福利的工作，也是慾。

所以，每一個人應增長「善法慾」，而減少「雜染慾」。

正向密碼

一個人做到無慾的時候，自然而然就放棄了心中的雜念

「人為財死，鳥為食亡」，人的生命、人格，往往為慾望而葬送。財色當前，朋友義氣可以不管，良心道德可以不問，人不成其為人，就給慾望拖累了。

「無欲則剛」這一警句可以做為我們立身行事的指南。是的，人若無慾品自高，就是說，人若沒有私慾，品格自然高峻清潔、不染塵泥。

一個人做到無慾的時候，就放棄了心中的雜念，就是清空心靈裡面世俗生活積存下來的枯枝敗葉，清空了心靈，才能最大限度地獲得生命的自由和獨立。

有一天，司馬禪師想要選一個人到大溈山去當住持。

他下令敲鐘集合全寺僧人，然後宣佈說：「你們中間誰能當著大家的面，出色地回答我一句話，我就讓他去大溈山當住持。這裡的每一個人都有機會，但是要看你們的本事。」

司馬禪師拿起一個淨瓶，說道：「這個不是淨瓶，是什麼？有誰能回答？」

眾僧面面相覷，那個明明就是淨瓶，卻不能稱做淨瓶，那稱做什麼呢？

這候，來了一個蓬頭垢面的和尚，他說：「讓我來試試！」眾人一看，原來是寺內專做勞役的雜務僧，都哈哈大笑起來，說道：「燒火做飯的，居然也想試試！」

司馬禪師問道：「你叫什麼？」

和尚沉靜地答道：「靈佑。」

於是，靈佑和尚就走上前去，從禪師手中接過淨瓶，放在地上，然後一腳把它踢出了院牆，轉身就退了回去。

司馬禪師驚喜地叫起來：「這正是大溈山的住持啊！」

既然不是淨瓶，那就一腳踢翻好了，何必多說？眾僧目睹了靈佑深得禪機，個個心服口服。後來靈佑和尚便去大溈山當了住持，創立了中國禪宗五大宗派之一的溈仰宗。靈慧的靈佑和尚獨具禪眼，他直來直去，在充滿佛氣的寺院裡，像一朵淤泥中的白蓮花。他的心地清淨，不著一物，故能以伙夫身份開創中國禪的溈仰宗。

↗改變自己的正向智慧

一、人的生命、人格，往往為慾望而葬送，人若沒有私慾，品格自然高峻清潔、不染塵泥。

二、除了物質的慾望以外，還有自體慾，每個人對自己的身體，總希望面容要美麗，力氣要強健，壽命要久長，可是世相是無常的，青春不常在，美貌能幾何？

三、南懷瑾大師說，過去心不可得，現在心不可得，未來心不可得，不可得的也不可得，是名不可得，不可得就是不可得！

正向活法7

生命在呼與吸之間

我們都會經常感嘆人生無常，但就是因為人生無常，所以更應該利用自己隨時都有可能結束的生命，做一些讓自己不會終生遺憾的事。

雖說時間如流水是眾人皆知的道理，兒時也大都背過「一寸光陰一寸金，寸金難買寸光陰」之類的格言，然而，對於大多數日子過得很有些滋味，下半輩子還有幾十年可供體會的人而言，真如朱自清先生那樣洗臉時，也能感覺到時間從指縫裡流過，卻也著實不是件易事，因為除了真正面對攸關生死的關鍵時刻，要不然我們很難體會人的生命，其實只在呼吸之間。

據說古代的高僧們坐禪能忘卻時間，達摩等待二祖神光慧可前來接受禪宗衣缽，在少室山洞入定，一面壁就是九年，年深日久，衲衣的折痕都映在石壁上，達摩從定中出時卻容顏不改，彷彿時間對他是沒有意義的事。

這也難怪。佛家常以所謂的「劫」來計量時間，而這「劫」動輒就需以「恆河沙數」來計算！區區數年，實在是不值一提。但對於我們這些不過數十年生命的凡夫俗子而言，就是莊子筆下那以八百年為春的大樹，在我們看來，也是不可企及的異數了。

因此，怎麼在有限的歲月裡，把屬於自己的日子過好，讓自己和身邊的人都快活，對於我們這些俗人就很有意義了。

正向密碼

要敢於面對磨難，無論遇到什麼挫折，都不做自暴自棄的傻事。

2003年4月1日晚，香港藝人張國榮從24樓縱身跳下，令許多他的粉絲歌迷唏噓不已。

訣別紅塵的人，總有其自覺充分的理由，不管他是一念之差，還是久認宿命。斯人已逝，而生者當思：人的一生總會有榮有辱，有成有敗，就像西天取經需歷九九八十一難的唐僧師徒，矢志不渝、百折不撓的毅力就讓許多兒時的夥伴感動；儘管長大後才漸漸明白「謀事在人，成事在天」的定律，但是，一個人既然來到世間，就應珍惜

此生，要善待生命，讓自己活得充實一點，快活一點，活一天就要有一天的價值和意義。

學者劉書成在他生命最後未完成的一篇《明清豔情小說價值論》中指出：「做為有思想有感情的人類，只有得到個性的全面發展，才能像人一樣的生活，才有價值可言。」他還說：「一天不讀書，就覺面目可憎。」

聲寶創辦人陳茂榜，他在生前的講演經常折服所有的聽眾。尤其是他記數字的本事超人一等，舉凡世界各國的面積、人口、國民所得貿易額等，都如數家珍。

事實上，陳茂榜的學歷只有小學畢業，但他卻榮獲了美國聖諾望大學頒發的名譽商學博士學位。一個只有小學學歷的人，能夠榮獲名譽博士學位，主要憑持他的實力，這個實力就是一輩子堅持每天晚上不間斷地自修。

陳茂榜十五歲輟學到一家書店當店員，他每天從早到晚工作十二個小時。但是下班以後，讀書就成了他的享受，書店變成了他的書房，或坐或臥，任他遨遊。日子一久，他養成了每晚至少讀兩小時書的習慣。他在書店工作了八年，也讀了八年書。陳茂榜說：「學歷固然有用的，但更有用的是真才實學。」

由此似乎可以得出這樣一句話：「一個人的命運，決定於晚上八點到十點之間。」簡單說，「人生存在的目的」最後是需要由個人自己來抉擇的。

↗改變自己的正向智慧

一、每天讀一至二小時的書，來充實自己，可以讓自己的生命變得更加有意義。

二、每個人的生命得來不易，不要因為一時的挫折，就做出讓自己遺憾一輩子的傻事。

三、你的人生不是為了別人而存在，而是為了自己，因此，我們實在不必為了搏得別人的肯定，而活得那麼辛苦。

正向活法8

不要把時間花在仰望爬得比自己還高的人

羨慕別人所得到的，不如珍惜自己所擁有的，因為你私下羨慕的人也許就是非常仰慕你的超級粉絲。另外，不要把時間花在仰望爬得比自己還高的人，因為這會讓你忘了自己應該繼續向上爬。

永遠不要在一味羨慕他人的「沼澤」中失去自己，永遠不要在羨慕他人時輕視你自己，因為你羨慕的人也許正在羨慕你，明天的你也許會羨慕今天的你。

朋友曾任職的公司有一個漂亮正妹，不僅性情溫柔，容貌出眾，還能歌善舞，是眾多男人傾慕的對象。不久前，當她突然昏倒住進醫院時，人們才知道她患有嚴重的先天性心臟病。

當同事們前去醫院探望她時，她含著淚說：「我羨慕你們每個人，因為你們擁有健康。」

許多人喜歡抱怨自己生不逢時，運氣不好，感嘆人生苦澀，發財無門，卻對自身擁有的一切視而不見。事實上，從某種意義講，能來到這個世界本身就是一種幸運，能有一個健康的身體則是最大的幸運。

我們對那些已到達比自己所處位置高得許多的人，就開始羨慕，羨慕那個人能耐非凡，羨慕他們運氣太好，羨慕他們擁有的一切，但卻忘記了我們也該有自己的夢而不該自我貶低，忽視了自己其實也能夠實現自己的夢。

正向密碼

放下心中執著的枷鎖，前進的腳步才會輕快

不少人總有一種錯覺，以為只要一到了自己所嚮往的目標狀態，就一定無比快樂，就沒有任何苦惱。比如有人認為只要出了國，從此就走上了人生的坦途，照此推理，歐美那些物質生活高度發達的國家應該人人都與憂慮無緣。

可事實上，美國每年都有一千一百萬人患上憂鬱症，這些人對生活失去興趣、對前途感到悲觀失望，以及自我評價過低的心理病。這說明在美國這樣一個物質生活水準相對較

高的國家，如果沒有一種積極樂觀的人生態度和相應的努力，照樣也會有煩惱。

而這都是因為我們太想擁有，太執著物質而忘記充實自己的心靈。

趙州禪師是一位禪風非常銳利的法王，他的回答經常不從正面說明，總會要你從另一方面去體會。

有一次，一個信徒前來拜訪他，因為沒有準備供養他的禮品，就歉意地說道：「我空手而來！」

趙州禪師望著信徒說道：「既是空手而來，那就請放下來吧！」

信徒不解他的意思，反問道：「禪師！我沒有帶禮品來，你要我放下什麼呢？」

趙州禪師立即回答道：「那麼，你就帶著回去好了。」

信徒更是不解，說道：「我什麼都沒有，帶什麼回去呢？」

趙州禪師答道：「你就帶那個什麼都沒有的東西回去好了。」

信徒不解趙州禪師的禪機，滿腹狐疑，不禁自語道：「沒有的東西怎麼好帶呢？」

趙州禪師這才指示道：「你不缺少的東西，就是你沒有的東西；你沒有的東西，就是你不缺少的東西；而你缺少的東西，就是你擁有的東西！」

信徒仍然不解，無可奈何地問道：「禪師！就請您明白告訴我吧！」

趙州禪師也無奈地說道：「和你饒舌多言，可惜你沒有佛性，但你並不缺佛性。你既不肯放下，也不肯提起，是沒有佛性呢，還是不缺少佛性呢？」

天涯遠不遠？不遠。因為，放下的時候，天涯就在你面前。

讓我們一起來學會「放下」，以此來增強我們的心理彈性，享受「放下」的人生愉悅。因為，敢於放下，果斷放下，心裡真正地放下，放下的一剎那，你會感到天地原來如此廣闊，你會發現你的腳步是如此輕盈平穩，你的心房是如此安穩溫馨。

↗改變自己的正向智慧

一、在人的生命中，追求是沒有終極的，因而也就沒有到頂的快樂。假若我們對只顧追求，那麼就將難以尋求到人生的快樂。因為，快樂不是向外求來，而是從內心發掘出來的。

二、無論你是誰，一定有許多相識的和不相識的人在由衷地羨慕你，羨慕你的健康，羨慕你的年輕，羨慕你的高大，羨慕你的聰明才智……何必羨慕，世人許多苦惱，皆在於只盯著一個目標在那兒興嘆，卻忽視過程的進入和過程的體驗。

正向活法9

該拿起時拿不起，該放下時放不下

一個人如果真的能夠學會放下，就達到了無為無不為的境界，就能夠逍遙人間。

我們應該把成功與幸福定義為一個過程，一個不斷發展、不斷體驗的過程。在這個過程中，我們不斷證明自己、發現自己、創造自己，使我們切切實實地在體驗著人生。

特別是重視了過程和進入了過程之後，就會帶來一系列大大小小的結果，而每一個結果又會衍生出一個更高、更有激發力與吸引力的目標的新過程來。就這樣走著走著，忽然有一天你會發現，原來那些讓你羨慕已久、覺得高不可攀的目標，現在竟然已在腳下。

當一個人可以放下一切的時候，他自然能夠逍遙自在，快樂無窮。

在唐代，有一位著名的禪僧布袋和尚。

一天，有一位僧人想看看布袋和尚有何修為，問他道：「什麼是佛祖西來意？」

布袋和尚放下口袋，叉手站在那兒，一句話也沒說。

僧人又問：「就這樣？沒別的了嗎？」

布袋和尚背上布袋，拔腿便走。

僧人覺得布袋和尚是個瘋和尚，也就起身離去了。哪知剛走幾步，卻覺背上有人撫摸，僧人回頭一看，正是布袋和尚。布袋和尚伸手對他說：「給我一枚錢吧！」

布袋和尚的「放下口袋」，是在警示我們要放下，隨即又「布袋上肩」，是在教我們拿起。其實哪裡有什麼放下與拿起呢？

只不過有時我們需要放下，有時需要拿起，而偏偏我們經常該拿起時拿不起，該放下時放不下。

正向密碼

拿得起容易，放得下卻很難，

在這個世界，最難做到的無疑就是放下

明雲禪師曾在終南山中修行達三十年之久，他平靜淡泊，興趣高雅，不但喜歡參禪悟

道，而且也喜愛花草樹木，尤其喜愛蘭花。

寺中前庭後院栽滿了各種各樣的蘭花，明雲禪師在茶餘飯後、講經說法之餘，都忘不了去看一看他那心愛的蘭花。

大家都說，蘭花就是明雲禪師的命根子。

這天明雲禪師有事要下山去，臨行前當然忘不了囑託弟子照看他的蘭花。弟子也樂得其事，上午他一盆一盆地認認真真澆水，等到最後輪到那盆蘭花中的珍品——君子蘭了，弟子更加小心翼翼了，這可是師父的最愛啊！

也許是澆了一上午有些累了，越是小心翼翼，手就越不聽使喚，水壺滑下來砸在了花盆上，連花盆架也碰倒了，整盆蘭花都摔在地上。這回可把弟子給嚇壞了，愣在那裡不知該怎麼辦才好。

他心想：師父回來看到這番景象，肯定會大發雷霆！越想越害怕。

下午明雲禪師回來了，他知道這件事後，非但一點兒不生氣，反而平心靜氣地安慰弟子道：「我之所以栽種蘭花，為的是修身養性，並且也為了美化寺院環境，並不是為了生氣才種的啊！世間之事一切都是無常的，不要執著於心愛的事物而難以割捨，那不是修禪者的秉性！」

弟子聽了師父的話才放下心來，他對師父的言行敬佩不已，從此更加認真修行悟禪。

我們生活在這個世界，最難做到的無疑就是放下，自己喜愛的固然放不下，自己不喜愛的也放不下。因此，愛憎之念常常霸占住我們的心房，哪裡能快樂自主？

一個人要拿得起，放得下。而在付諸行動時，拿得起容易，放得下卻很難。人世間最說不清、道不明的就是一個「情」字。凡是陷入感情糾葛的人，往往會理智失控。若能在情方面放得下，才可稱是理智的「放」。

↗改變自己的正向智慧

一、財該如何放下？李白在《將進酒》詩中說：「天生我材必有用，千金散盡還復來。」如能在這方面放得下，那可稱得上是非常瀟灑的「放」。

二、名又該如何放下？高智商的人，患心理障礙的比率相對較高。原因在於他們一般都喜歡爭強好勝，對名看得較重，有的甚至愛「名」如命，累得死去活來。倘若能對「名」放得下，就可稱得上是超脫的「放」。

三、憂愁能否放得下？現實生活中令人憂愁的事實在太多了，就像宋朝女詞人李清照所說的：「才下眉頭，卻上心頭。」如果能對憂愁放得下，那就可稱得上是幸福的「放」，因為沒有憂愁，確實是一種幸福。

正向活法10

想要抓住一切，往往什麼都抓不住

人們常常執著於某種念頭，不到黃河心不死，卻往往忽視了生命中的追之不及。

當你手中抓住一件東西不放時，你只能擁有這件東西，如果你肯放手，你就有機會選擇別的。人的心若死執自己的觀念，不肯放下，那麼他的智慧也只能達到某種程度而已。

「常」並不全等於永恆，一個人不知常，就要從自己的生命中回過頭來找尋。「本來無一物，何處惹塵埃？」既然一切皆為虛空，又何必對什麼事都抓得很牢，執著而不肯放手呢？

趙州和尚問新來的僧人：「你來過這裡嗎？」僧人答：「來過！」趙州和尚便對他說：「吃茶去！」

又問另一個僧人：「你來過這裡嗎？」僧人答：「沒有。」趙州和尚也對他說：「吃茶去！」

在一旁的院主奇怪地問：「怎麼來過的叫他去吃茶，沒有來過的也叫他去吃茶呢？」趙州和尚就叫：「院主！」

院主答應了一聲，趙州和尚就對他說：「走，吃茶去！」

生活本平常，不要想太多，人生如果能夠達到佛境界，就是無可無不可的快樂無憂的境界了，「吃茶去」，多麼親切自然。

禪意就在這最生活化的吃茶喝粥中綻現。

對於人來說，沒有一樣東西是可以完完全全、真真正正抓住的，無論是物，還是人。因此不必斤斤計較，刻意追逐，對於不生不滅的生命本源，要把握得住，要認識得透徹，才能夠善始善終。

「不知常，妄作凶」，醉生夢死，碌碌無為，終將痛苦離去。

正向密碼

堅毅的冰塊易碎，寬容的水則可以包容所有的事物

從定義上說，所謂解脫，就是徹底地解放、脫離煩惱的束縛，獲得身、心的清涼與自在；好比一位囚犯當他全身被加上腳鐐手銬時，就沒有自由；可是除去了這些束縛，始得解脫一樣。

人生活在浩瀚宇宙，受到環境、社會、身心種種內外在因素所拘束、障礙，諸多不得自由。

佛說不要用抗拒的心態來面對這個世界，凡事以對立的心態對待，嘮叨、抱怨就會不斷，如此便難以寬容的心來原諒、接受他人不同的見解，於是就很難活得快樂、自在。

俗話說：「人有三千煩惱絲。」佛說：「八萬四千煩惱」，不管從深或淺的角度來探討，障蔽自性清涼自在的根本煩惱，終究離不開我見、我愛、我慢、我癡等四大煩惱，而要去除這四大惡源，也唯有從心下手，乃能究竟解脫。

所謂「我慢」，是指以「我」為一己之中心，由此所執之「我」而形成驕慢心。簡言之，即指自尊心過於強烈的心態。

自尊心過於強烈的人，內心其實是脆弱的、無助的。人常常為了保護自我，不容許他人毀謗、批評，於是雖然給自己套上一個聖人的外殼，其內心卻充滿著高低不平的尊嚴，希望獲得他人的尊重。

而「我癡」則可說是一切煩惱、痛苦的根源。「癡」在經典上又解釋為無明，亦即內心無光明、無智慧。人的內心如果沒有智慧，就會有偏差的行為。

在這社會上，不乏為名為利而汲汲營求高官厚祿者，而當有那麼一天，讓他從小人物變成了大英雄時，往往會因為過度自我膨脹，遭人所惡所棄，可憐的是他卻身陷其中仍不自知，依然囂張、跋扈，唯我獨尊。

也就是他雖然擁有一身虛名，卻得處心積慮維護他的地位、權勢，甚至因此不惜出賣、傷害他人，以保護自己。

佛說：「世上沒有任何人能夠給你痛苦，唯有你自己！」智慧之言，的確值得我們深省。

↗改變自己的正向智慧

一、我們想要解脫，一定要先瞭解心的毛病，面對現實、面對社會，以智慧來圓融事相、超脫凡情。

二、置身在這個娑婆世界，每個人都非常驕傲，所以，切記勿祈求他人給你面子。在個人修養方面，應該懂得如何尊重他人，倘若遇到非常驕傲、言語暴躁直衝的人，更應當以忍耐、謙退、柔和之心來應對，如此便可以避免無謂的爭執和糾紛。

正向活法11

快樂不是來自擁有的很多，而是想要的很少

幸福與快樂源自內心的簡約，簡單使人寧靜，寧靜使人快樂。

禪宗認為，一個人只有把一切受物理、環境影響的東西都放掉，萬緣放下，才能夠逍遙自在，萬里行遊而心中不留一念。

趙州禪師語錄中有這樣一則：

問：「白雲自在時如何？」

師云：「爭似春風處處閒！」

看，那天邊的白雲什麼時候才能逍遙自在呢？就在它像那輕柔的春風一樣，內心充滿閒適，本性處於安靜的狀態，沒有任何的非分追求和物質欲望，放下了世間的一切時，它就能逍遙自在了。

人的一生中，會有許多的追求、許多的憧憬；追求真理，追求理想的生活，追求刻骨銘心的愛情；追求金錢，追求名譽和地位。

有追求就會有收穫，我們會在不知不覺中擁有很多，有些是我們必需的，而有些卻是完全用不著的。那些用不著的東西，除了滿足我們的虛榮心外，最大的可能，就是成為我們的一種負擔。

有一個簡單故事，但如果深入思考，你會發現生活表相下面的人生真諦。

一個農民從洪水中救起了他的妻子，他的孩子卻被淹死了。事後，人們議論紛紛，有人說他做得對，因為孩子可以再生一個，妻子卻不能死而復活；有人說他做錯了，因為妻子可以另娶一個，孩子卻沒法死而復活。

哲學家聽說了，也感到疑惑不解，他就去問農民。農民告訴他，他救人時什麼也沒想，洪水襲來，妻子在他身邊，他抓起妻子的手就往山坡方向游，待返回時，孩子已被洪水沖走了。

自然是一種最睿智的生活方式，這個農民如果進行一番抉擇的話，事情的結果會是怎樣呢？洪水襲來，妻子和孩子被捲進漩渦，片刻之間就會失去性命，而這個農民還在山坡上進行抉擇，妻子重要，還是孩子重要？

正向密碼

用不著的東西，除了滿足我們的虛榮心外
最大的可能，就是成為我們的一種負擔

綜觀越多慾的人，苦惱越多。因為貪財，得到財不一定快樂，人為財死的很多；貪名，得到名不一定快樂，人為名累的很多；而貪色，得到的色也不一定快樂，人為色亡的也很多；可見「多慾為苦」的這句經文，實如警世的晨鐘！

你看那些功名場中的人物，你看那些坐賈行商的眾生，為了求名求利，不惜屈躬諂媚，說些花言巧語，大家做著慾望的奴隸，還以為快樂，這是多麼的悲哀！

當然，佛教並不是絕對要人禁慾的，佛教是要人遵行中道的態度，對於眷屬、資用、身體等的慾望固然不可縱，但也無法完全脫離，所以，應該以智化情、以行「善法慾」而離「煩惱慾」。

然而，當佛陀住世的時候，印度社會有一部分在家人是縱慾的樂行人，「今朝有酒今朝醉」儘量使生活奢靡享受；另一部分是修習外道的苦行人，是絕對禁慾的。

苦行者不但斷絕男女慾，他們對於衣食住行都是用最刻苦的方法磨練自己。對於吃的東西，只用水中的綠苔，或是草根樹皮花果之類聊以充飢，他們不穿衣服，終日裸著身體，有的坐在荊棘之上或是懸岩之邊；有的臥在水邊或是火旁。這些無益的苦行，徒然苦了自己，並不能因苦行而解脫。

捨離了「樂行慾」，又為「苦行慾」所囚，這終究不是解脫的方法。

所以佛陀成道後，發出他真理的宣言，要修道者遠離苦行（禁慾）與樂行（縱慾）的二邊，而遵行中道的修行方式。

不讓心中生起「雜染慾」，自然就不會「多慾為苦」了。

↗改變自己的正向智慧

一、一個人只要能夠放下世間的一切假相，不為虛妄所動，不為功名利祿所誘惑，不因無常變化的萬有而絕望，就能體會到自己的真正本性，看清本來的自己。

二、古人說：「人到無求品自高。」無求的境界就是無慾的境界，人能無慾，品格自然高尚，苦惱自然減少。

三、人心隨著年齡、閱歷的增長而越來越複雜，但生活其實十分簡單，保持自然的生活方式，不因外在的影響而痛苦抉擇，便會懂得生命簡單的快樂。

第二輯　生命中缺少的不是風景，而是發現美麗風景的眼睛

天堂就在每一朵野花的深處，只要你能細心觀察，在平淡中能夠窺見深刻的智慧，在看花中能夠悟道，甚至在風景中也能成佛。

正向活法12

命運總是喜歡和人開玩笑，你又何必太認真呢？

反正我們是赤條條地來，赤條條地去，把一切不幸都看成一種難得的體驗好了，亦就是即使明天就是世界末日，也要為你能在有生之年體驗末日而感到幸運。

一個人若時常追求複雜而奢侈的生活，苦難則沒有盡頭，不僅貪欲無度，煩惱纏身，而且日夜不寧，心無快樂。因為追求複雜，往往浪費了寶貴的時間；因為追求奢侈，極有可能斷送美好的人生。

玄機和尚心想：「我整日打坐，是逃避嗎?打坐，就是為了心無雜念，如果靠打坐才能達到這樣的效果，打坐和吸食鴉片有什麼兩樣呢？」

他眼神中充滿了迷惘，目光漸漸黯淡了。然後他起身去拜見雪峰禪師，希望能從他那裡得到答案。

雪峰禪師看著眼前的這個人，覺得他雖然有向佛之心，但是本性中有許多缺點不自然地表露了出來，於是點點頭，問道：「你從哪裡來？」

「大日山。」

雪峰微笑，話裡暗藏機鋒：「太陽出來了沒有？」意思是問他是否悟到了什麼禪理。

玄機以為雪峰是在試探他，心想：「連這個我都答不上來的話，這幾年學禪，豈不是白白浪費時間了嗎？」便揚著眉毛說：「如果太陽出來了，雪峰豈不是要融化？」

雪峰嘆息著又問：「您的法號？」

「玄機。」

雪峰心想：「這個和尚太傲，心裡裝的東西也太多了，且提醒他一下吧！」於是問道：「一天能織多少？」

「寸絲不掛！」玄機心想：「就這個也能考住我玄機和尚，真是太小瞧我了！」

雪峰看他這樣固執，不由得感嘆道：「我用機鋒來提醒他，他卻和我爭辯口舌，自以為是，卻不知心中已經藏了多少名利的蛛絲！」

玄機看雪峰無話可說，便起身準備離去，臉上還是那樣得意的神態。

他剛轉過身去，雪峰禪師就在身後叫道：「你的袈裟拖地了。」

玄機不由自主地回過頭來，見袈裟好好地披在身上，只見雪峰哈哈大笑：「好一個寸絲不掛！」

所謂寸絲不掛，就是指不要讓心裡藏著事，不要總想著別人會怎麼看你，人不如少思寡欲，活得簡單一些好。

正向密碼

平凡是人生的主旋律，簡潔則是生活的真諦，

簡潔而執著的人，常有充實的人生

人生就像天氣一樣變幻莫測，有晴有雨，有風有霧，不管是誰的人生，都不可能一帆風順，況且，一帆風順的人生，就像是沒有顏色的畫面，蒼白枯燥。

等人老了的時候，回過頭看看自己走過的路，開心的、傷心的，不都成了過眼雲煙嗎？

一路走過來，難免會有許多辛酸的淚水，難免會有許多歡樂的笑聲，當一切成為過去，誰還記得曾經有多痛，曾經有多快樂。

按照這種思路想來，一切都會過去的，那麼，對於眼前的不幸，又何必過於執著？

佛印正坐在船上與東坡把酒話禪，突然聽到：「有人落水了！」

佛印馬上跳入水中，把人救上岸來。被救的原來是一位少婦。

佛印問：「你年紀輕輕，為什麼尋短見呢？」

「我剛結婚三年，丈夫就拋棄了我，孩子也死了，你說我活著還有什麼意思？」

佛印又問：「三年前你是怎麼過的？」

少婦的眼睛一亮，說：「那時我無憂無慮、自由自在。」

「那時你有丈夫和孩子嗎？」

「當然沒有。」

「那你不過是被命運送回到了三年前。現在你又可以無憂無慮、自由自在了。」

少婦揉揉眼睛，恍如一夢。她想了想，向佛印道過謝便走了。以後，這位少婦再也沒有尋過短見。

命運總是喜歡和人開玩笑，你又何必太認真呢？反正我們是赤條條地來，赤條條地去，把一切不幸都看成一種難得的體驗好了。

即使明天就是世界末日，也要為你能在有生之年體驗末日而感到幸運。

改變自己的正向智慧

一、一個人只要能因為簡潔，每每能找到生活的快樂；因為執著，時時能感覺沒有虛度每一天。

二、緣起緣滅，得到失去，好或不好，都是生命的常態，然而，這一切都將過去。所以，在順境中，不可得意忘形；在逆境中，不要自暴自棄，以心靈的常態對待生命就可以了。

正向活法13

報復者，往往是自己給自己判了無期徒刑

以德報怨，不能懲惡揚善；以怨報怨，則冤冤相報何時了？為什麼不能將一切的仇恨都止於自己呢？

電影《刺激一九九五》中有一句非常經典的臺詞：「強者自救，聖人救人。」不要把自己當做一個聖人來看待，指望自己能夠拯救別人的靈魂，這樣做的結果多半是徒勞無益的，何不將時間用在更有價值的事情上呢？

當然，我們主張明辨是非。但是要記住，對方錯了，要告訴他錯在何處，並要求對方就其過錯補償。

如果不論是非，就不能確定何為直，「以直報怨」的「直」不僅僅是直接的意思，「直」，既要有道理，也要告訴對方，你哪裡錯了，侵犯了我什麼地方。

有一位住在山中茅屋修行的禪師，散步歸來，眼見自己的茅屋遭到小偷光顧。找不到任何財物的小偷要離開時在門口遇見了禪師，原來，禪師怕驚動了小偷，一直站在門口等待，且早把自己的外衣脫掉拿在手中。

小偷遇見禪師，正感到驚愕之時，禪師說：「你走老遠的山路來探望我，總不能讓你空手而歸呀！夜深了，帶上這件衣服走吧！」

說著，禪師就把衣服披在了小偷身上，小偷不知所措，低著頭溜走了。

禪師看著小偷的背影消失在山林之中，不禁感慨地說：「可憐的人！但願我能送一輪明月給他，照亮他下山的路。」

第二天，禪師在溫暖陽光的撫摸下睜開眼睛，看到他披在小偷身上的外衣被整齊地疊好，放在門口。禪師高興地說：「我終於送了他一輪明月！」

基督教奉行「以德報怨」，你對我壞，我還是對你好，你打了我的左臉，我就把右臉也湊過去，直到最終感化你；伊斯蘭教則相反，以怨報怨，你傷害我，我也傷害你，以毒攻毒，以惡制惡，透過這種方法來消滅世界上的壞事。

其實，二者都有失偏頗，以德報怨，不能懲惡揚善；以怨報怨，則冤冤相報何時了？

人海茫茫，恩怨情仇終能相遇，生活不易，在競爭激烈、各種利益關係交錯的社會中生活的每個人，都有傷害與被傷害的可能，人性中善惡並存，人難道真的是向惡不從善

嗎？希望答案是否定的。

正向密碼

報復是畫地為牢的自限行為

帕金森說：「一個人哪怕學問再好，如果不憑良心來辦事，一定極大地危害社會，並且最終會危害自己。」

在一個法制社會，任何時候，個人的報復行為都是要受到譴責的。別人可能的確做了傷害你、對不起你的事，但你沒有權利去充當正義的化身，更不能用自己的方式去實施懲罰。

如果你以審判者和執法者自居，最後不僅傷及無辜，而且必然傷害到自己，其受傷害的程度絕不會亞於被報復的人。

在生活中我們感到有些人似乎帶有一些陰氣，有些人總令你不寒而慄，總想離他遠一點；有些人你即使想說服自己接受，但感覺始終讓你對他（她）充滿警惕。原因很簡單，正常人無法接受心理扭曲心態失衡的人，他們對這類人反感，不屑也根本不願意與他們交往。

其實，報復心重的人，有時也想輕鬆暢快地與人交流，但其骨子裡時不時露出的報復濁氣，令人望而生畏。

當報復心駕馭了人的靈魂時，人就無法自己。從這一刻起，報復者就自己為自己判了無期徒刑。

改變自己的正向智慧

一、不能原諒自己，但要原諒別人，也就是人們常說的，嚴於律己，寬以待人，尤其是更不能有快意恩仇的報復之心，因為仇恨無法困住別人，只能困住自己。

二、其實，個人對於社會、對於社會中的絕大多數人，應該首先擺正自己的位置，懷有一顆理解、寬容、至愛之心，而不是冤冤相報、仇視報復的心理。

正向活法14

佈施能夠讓你把貧窮賣給別人

佈施是發財最好的方法。一般人總以為佈施是給人，自己怎麼會發財？其實道理很簡單，好比田地裡面，沒有播種，怎麼會有收成？不修習佈施的因，怎麼會有財富的果？

修學菩薩道的人，無論貧富，都不會怨天尤人，相反的，菩薩願把自己的所有佈施給人。

《梵網經》裡講到：菩薩見一切貧窮人來乞求施捨，要隨他們說的所需要的東西施捨給他們。如果菩薩以惡心、嗔恨心，甚至不施捨給他們一分錢、一根針、一根草；有來求法的人，卻不為他們說一句經、一首偈子、一點如微塵那麼少的佛法，反而辱罵、羞辱的，這些都是菩薩的極重罪。

佈施是發財最好的方法。一般人總以為佈施是給人，既給人，自己怎麼會發財？其實道理很簡單，好比田地裡面，沒有播種，怎麼會有收成？不修習佈施的因，怎麼會有財富的果？

過去有一個貧窮的婦人向迦旃延尊者訴苦，說她如何貧苦，如何窮困。

迦旃延尊者就對她說道：

「這位太太！你既然因為貧苦而受苦，那請你不用悲傷，我告訴你一個辦法，你可以把貧窮賣給別人！」

「貧窮可以賣給別人？」婦人驚訝的叫了起來，她問尊者道：「貧窮可以賣給別人，誰不要將貧窮出賣呢？那麼世間就不會有窮人了，還有誰肯買貧窮呢？」

「賣給我！」迦旃延回答。

「就算貧窮可以賣，而且你也肯買，可是，我不懂出賣貧窮的方法啊！」

「要佈施！」迦旃延開示道：「你要知道，人生的貧富各有因緣，貧窮的人所以貧窮，是前生沒有佈施和修福；富貴的人所以富貴，是前生有佈施和修福，因此佈施是賣貧買富最好的方法。」

婦人聽後，智慧開朗，從此明白了致富之道，也明白了修學菩薩之道！

施比受更幸福！

佈施給親人或是所愛的人容易，佈施給自己所怨恨的人就難。因此，把東西給我們所不歡喜的人，才是真行佈施。

不過，有人會這樣想道：「有錢的人，當然是可以行佈施，像這位貧苦的婦人，怎麼佈施？又拿什麼佈施給人？」

說起佈施，「善財難捨」，很多人總怕人勸他佈施，其實佈施是有多方面的，並不一定非要把金錢物質給人才叫做佈施，就是我們貧窮得一無所有，仍可以佈施。比方，見到人的時候，就先對他招呼，向他說：「你早呀！」或是：「吃過飯了嗎？」「你從哪裡來？你來得很好！」「謝謝你！」「請坐吧！」「阿彌陀佛！」如能把這些話掛在口邊，不但會有很好的人緣，而且這就是在行「語言的佈施」。

除此之外，見到人時含笑、慈顏、注目，這就是「容顏的佈施」。見到人迷路時，指引他帶他去；見到有人東西拿不動，事情做不了，你說你來幫助他，代他做，這就是「身行的佈施」。見人受苦心生憐憫，見人佈施心生歡喜，這就是「心意的佈施」。

在佛法裡，行佈施而不覺得有佈施可行，做功德而不覺得有功德可得。其實你不求功德，功德反而大，所謂「有心栽花花不開，無意插柳柳成蔭」。

所以，菩薩佈施「等念怨親」，無論是他的怨家、親人，只要有需要，他都會平等地佈施。

佈施給親人或是所愛的人容易，佈施給自己所怨恨的人就難。把東西給我們所歡喜的人，這還是為了滿足自己的愛心，把東西給我們所不歡喜的人，才是真行佈施。

↗改變自己的正向智慧

一、佛法不是陳列品、不是貴族的，佛法是大眾化的，佛法是人人都能奉行的。

二、人生的貧富各有因緣，貧窮的人所以貧窮，是前生沒有佈施和修福；富貴的人所以富貴，是前生有佈施和修福，因此，佈施是賣貧買富最好的方法。

二、一般人佈施時，總希望別人向他感謝報答，以及宣揚讚美他的功德，再不然就是覺得自己能佈施榮耀非凡，或是輕賤受施者，假使帶著這樣的心理行佈施，只是世間的善行，而不是佛法裡菩薩所行的佈施。

正向活法15

種下惡意的種子，當然只能收穫惡意的果實

「善惡到頭終有報，只爭來早與來遲」，撒下愛的種子，必然得到愛的回報，播下惡的種子，必然得到惡的果實。

佛說：惡人害賢人，就像仰頭向天吐唾沫，唾沫吐不到天上，還落到自己身上。又像逆風揚撒塵土，塵土撒不到別人身上，反過來污染了自身。賢人終不可毀，禍患一定害了自己。

《四十二章經》也有類似的話，大意是說惡人聽說有人行善，就故意來破壞擾亂。你應該謹慎，不要嗔恨責怪他，那麼，來破壞擾亂行惡行的人，自己就會有惡報了。

從前，山上有一群動物，他們十分和藹，互相幫助，從不發生任何矛盾，如果發生矛盾，他們也會大事化小，小事化了。他們無拘無束地生活著，十分快樂。

不知什麼時候，山上來了一隻老虎，橫行霸道，要動物們都做他的奴隸，動物們也不能不聽話，因為誰要是不聽話，小命就要上西天了。

一開始動物們覺得老虎的要求還可以，但是隨著老虎的要求越來越多、壓力越來越重，不少動物都累倒了，然而，霸道的老虎仍然讓他們做工，因此，不少動物都給活活累死了。

有一天，許多動物聚集在一起，一個動物氣憤的說：「我們不能再看到自己的同胞一個個累死，一定要想個辦法！」

聰明的狐狸想到了一個非常好的辦法，動物們點了點頭，都認可了。

第二天，狐狸帶著一大包糖果來到老虎住處，看見老虎正在吃飯，狐狸就說：「虎大哥那些東西不好吃，吃我給你帶來的新鮮玩意！」

老虎一吃糖果，覺得非常好吃，好好表揚了狐狸一番，並讓牠每天送一包糖果來。

這樣，一天又一天過去了，狐狸依然每天送糖，老虎依然天天吃糖，過了兩個星期老虎蛀牙了，第三個星期、第四個星期、第五個星期，老虎的牙齒全爛了，老虎痛得在地上打滾，急忙叫來了狐狸。

狐狸說：「大王，我把你的牙齒拔了就不痛了。」

老虎也沒有多想，就讓狐狸拔牙，狐狸請來了拔牙大師、「天下第一拔牙王」螃蟹將老虎的牙全拔了，被拔了牙的老虎什麼也不能吃了，就這樣給活活餓死了。於是，動物們又過上了快樂而又安寧的生活。

正向密碼

不一定要以德報怨，只要以直報怨，

有原則寬容待人，以求問心無愧

我們要謹記一句話，善有善報，惡有惡報，不是不報，時間未到。

在生活中，如果我們每一個人都能一身凜然正氣，有一個博大的胸襟，見惡行該出手時就出手，必然會使社會風氣得以淨化。萬一家人遇到困難，即使自己沒有在場，也會得到眾人的相助。

反之，如果時時心生惡念，處處為非作歹，敗壞了社會風氣，就是別人不害你，你也可能會自己給自己出醜，自己作踐自己。

「善惡到頭終有報，只爭來早與來遲」，撒下愛的種子，必然得到愛的回報；播下惡的種子，必然得到惡的果實。這不是一種宿命，這是我們思想和行為的必然性裡所蘊含的偶然性。

有人開玩笑地說：「以德報德是正常現象；以怨報怨是平常現象；以怨報德是反常現象；以德報怨是超常現象。」

以怨報怨，最終得到的是怨氣的平方；以德報怨，除非真的到達一定境界，否則，只會讓你心中不知不覺存積更多的怨。

其實，做人只要以直報怨，有原則地寬容待人，以求問心無愧即可。

↗改變自己的正向智慧

一、不要讓有錯誤的人得寸進尺，把錯誤當成理所當然的權利。挑明應遵守的原則，柔中帶剛，思圓行方，可以寬容錯誤的行為，但要改正他的錯誤。

二、以德報怨，除非真的到達一定境界，否則，只會讓你心中不知不覺存積更多的怨。

三、當人們面對傷害時，以德報怨恐怕大多數人都做不到，不必為難，你只需以直報怨就好了，不必委曲求全，也不要睚眥必報，有選擇、有原則地寬容，於己於人都有利。

正向活法16

沒錢人不一定叫做窮，有錢人不一定叫做富

世間上貧窮的不會永久貧窮，富貴的也不會永久富貴。貧窮，是因慳貪的關係；富貴，是因喜捨的緣故。

一個人因為有自私的心，所以光明的本性被私心蒙蔽了，私心的氣焰高了，什麼義理人情可以不講，什麼損人利己的事情都可以做出。在這個世間上，小如家庭的人我是非，大至社會國家的戰爭，莫不由於私心的蠱惑！

若能用治本的方法，把每個人的良知發掘出來，去除造罪的私心之源，使心不攀緣外境，這才能使世界獲得安寧和平，使人獲得真正福祉！

世間的人，平常最愛的是美好的身體，最關心的是眾多的財富，但到人生最後的時候，身體、財富卻無法帶走；人在有生之日最不關心的就是「心」，但到告別世間時，緊緊跟隨我們而去的卻是「心」！

為身體享受忙碌的人多，為自心淨化修持的人少，要知道，身體、財富不是我們的，心才是我們的主人翁！

這個世間，有錢的人住高樓大廈，吃著珍餚美味；沒有錢的人，連棲身的草屋也無法覓得，每日三餐更不易維持。但是，窮苦的人，有時交了好運，財富也會滾滾而來；富有的人倒楣時，也可能淪落為乞丐。

所以，世間上貧窮的不會永久貧窮，富貴的也不會永久富貴。貧窮，是因慳貪的關係；富貴，是因喜捨的緣故。

說起貧富的分別，在佛教看來，並不是無錢的人叫窮，有錢的人叫富。要知道，「貧苦」不是專指沒有金銀財寶的人，即使你黃金白玉堆積如山，沒有道德，沒有學問，沒有福慧，仍然是稱做「貧苦」。

正向密碼

心是惡源，但也是善源，所謂善惡，只在我們的一念之間。

貧苦的人，容易生起怨恨的心，因為自覺貧窮無依，困苦艱難，往往生出怨天尤人的心來，嫉妒他人的富有和博學，惱恨別人的顯貴與財富，甚至想出謀害人的方法，造下種種的惡業，結下種種的惡緣。

貧苦的人，究竟有些什麼「多怨」呢？

第一是上怨天：怪菩薩沒有保佑，怪神明沒有眼睛，有些人只想求得現實的財利，禁不起邪教的誘惑，連祖宗牌位都出賣。

第二是下怨世間：一旦貧苦失意的時候，總是怪這個社會，或是這個政策不好，那個制度不行。

第三是內怨眷屬：很多人在外面受了挫折，回到家裡，總愛拿妻子兒女出氣，沒有錢，也總怪家裡的人沒有用，所謂「貧賤夫妻百事哀」。

第四是外怨師友：失業的人，不怪自己所學不專，總是怪朋友不幫忙，像這許多因貧苦而生的怨恨，不但苦了自己，也苦了別人。

假若財富方面雖然不寬裕，而在精神修養方面能夠注意些，就是淡泊的生活，也會覺得快樂的。

貧苦的人，終日不知修德，只希望有錢，其實，就是財神歡喜跟隨你，但財神的身後還有個窮鬼。世間上沒有千年的富翁，因為財神送錢給你，還有窮鬼為你化去，就算是有錢，而自己不積德，對財富也不會滿足。

心不能夠滿足，既使有家財萬貫仍然會感到貧苦。所以「貧苦多怨」不一定是從經濟上去衡量，深山中的隱士、古寺裡的頭陀，雖沒有物質上的財富，但精神上的財富卻比富人還要多更多，就算過著清貧的生活，也能擁有喜樂的心情。

↗改變自己的正向智慧

一、沒有錢而有智慧道德，不算貧苦，這種人也不會怨天尤人。顏回的生活，窮得什麼都沒有，只有「一簞食，一瓢飲」，別人見了都生起同情憐憫的心來，而顏回仍然是安樂如常。

二、沒錢人不一定叫做窮，有錢人不一定叫做富。要知道，「貧苦」不是專指沒有金銀財寶的人，而是那些不善於利用金錢，反而給金錢使用，沒有智慧將錢用於有用之處，什麼貪污枉法的事都做得出來的「有錢人」。

三、人在有生之日最不關心的就是「心」，但到告別世間時，緊緊跟隨我們而去的卻是「心」！為身體享受忙碌的人多，為自心淨化修持的人少，要知道，身體、財富不是我們的，心才是我們的主人翁！

正向活法17

一個懂得原諒的人，原諒會成為他的無形武器

原諒，它消極的可以避免因仇恨捲入無益復仇的漩渦，積極的可以克服對他所有不利的敵人，而且還可以更進一步把敵人化為朋友。

自私是一種潛藏在心靈深處的本能欲望，它的存在與表現通常是不為人所察覺的，私欲較強的人不顧社會和他人的利益，一味地滿足自己的需求，而在自己的私欲得到滿足的時候，卻又心安理得地去享受。

有個女孩一直把男朋友像寶貝似地愛著，可是，男朋友卻說她的愛讓他感到很累，因為，兩個人對於愛有不同的理解，女孩認為自己是關心他，男朋友卻說她是時時處處地控制著自己。

女孩覺得兩個相愛的人應該廝守在一起才能更加親密，男朋友卻說兩個人要保持一點

距離才有神秘感與新鮮感……最後，女孩被男朋友拋棄了，女孩百思不得其解，她覺得自己獻出了一個女人對男人最大的愛，卻被斷然拒絕了，她心有不甘，她在潛意識當中興起一股想要報復的心……

翻看任何一個有關報復的案例，我們都會發現，報復都是從自私轉變而來的，而報復是一件可怕的事，表面上看來似乎是快意恩仇，但是，報復往往是一柄雙刃劍，它在將劍刺進對方身體與心理的同時，也傷害了自己。

自私的人往往以自我為中心，而且私心亦是一種執我情感。執我情感是一種過於執自我之私名、私利的消極情感。

執我，可分為「執小我」和「執大我」。執小我，是執單個的自我或小家庭的私名私利，執一己之私見、私念、私憤。執小我者，會不惜點燃別人、集體和國家的房屋以便煮自己的一個雞蛋。執小我者易成為過街老鼠，但執大我則易得到一部分人，甚至相當多的人的擁護、同情與原諒。

但在更多的情勢之下，自私的人就只有一種選擇，就是選擇孤獨。

在生活中有更多的人也許沒有過激的言行，但是，卻會在內心的深處埋藏著對對方的仇恨，雖然由於自制力強沒有釀成大禍，但那分埋藏的仇恨卻像一匹小獸撕咬著他的心，很苦也很累。

原諒他人並非軟弱，一個懂得原諒二字用處的人，原諒會成為他的無形武器；它消極的可以避免因仇恨捲入無益復仇的漩渦，積極的可以克服對他所有不利的敵人，而且還可以更進一步把敵人化為朋友。

正向密碼

人應該明白自己的一生，

既不如想像的那麼好，也沒有想像的那麼壞。

私欲是一切生物的共性，不同的是其他生物的私欲是有限的，人的私欲則是無限的。正因為如此，人不合理的私欲必須受到社會公理、道義、法律的制約。

這也正如盧萊修所說：「自私是人類的一種本性，高尚者和卑劣者的區別就在於：前者能夠克制這種本性而代之以無私地給予，而後者則任其肆意橫行。」

中國有兩個成語，一個叫「和氣致祥」；另一個叫「冤冤相報何時了」，都是在勸人們奉行「和為貴」的思想，以「嚴於責己，寬以待人」的態度處世。人們在實踐中，會體會到誠心和氣、愉色婉言比疾言厲色、怒髮衝冠的效果好。

若能人人誠心和氣，放下自私的心去體貼他人、體諒他人，勢必乾坤朗朗，霽日光和、祥瑞普降、生機蓬勃。

但願我們生活的世界多一些懷有感恩之心的人，少一些對人實施報復的人。

↗改變自己的正向智慧

一、仇恨不是唯一解決問題的方式，多一點原諒他人之心，減緩一些自私的心，生活也許更美好

二、報復是一件可怕的事，表面上看來似乎是快意恩仇，但是，報復往往是一柄雙刃劍，它在將劍刺進對方身體與心理的同時，也傷害了自己。

三、在人生道路上，為了能夠讓自己的將來更美好，難免會面臨挑戰與生活壓力。既然無法逃避，就欣然接受，換個角度去想，用樂觀的態度去面對，如此才能愉快地走完人生的道路。

正向活法18

認識事物不一定要透過文字語言

如果有一樣東西，兩個人都擁有，而且可以互相感知，比如愛、慈悲、佛理、道，這個時候，語言就失去了存在的必要。

老子在《道德經》中講道：「道可道非常道，名可名非常名，無名天地之始，有名萬物之母。」

人類是理性的動物，這意味著人們是藉由語言文字來思考、處理事情的。然而，文字或語言並不等於事物本身，它只是描摹事物的一種方法。

實際上，認識事物不一定要透過文字語言，藉著佛教禪修調伏內心喋喋不休的對話，我們便能夠超越語言、以一種「默觀」的方式來認識事物。

默觀狀態中，行者的心直接和事物相感通、相冥契。

語言有很大的局限性，但是在現實中，沒有一個正常人能夠始終保持沉默。而且，人為了參禪悟道，大多數的時候也必須藉助語言的力量，即使是一瞬間的領悟，有時也需要用一句話來說明。那麼該怎樣做，才能化解該說或不該說這一矛盾呢？

洞山禪師完美地回答了這個問題。

有一次，洞山禪師走到水潭的時候，看到一個職僧對大家說法，他不引經據典，只聽他自言自語地道：「也大奇！也大奇！佛界，道界，不思議！」

洞山禪師聽後，走上前便向一旁的寺僧問道：「我不問佛界和道界，只問剛才在這裡說佛界道界的是什麼人？」

「那位說法的人，是本寺一位很重要的職事，是一位首座大師，人們叫他初首座。」寺僧答道。

這時的初首座聽到洞山禪師與寺僧的對話後，默然不作一語。

可是洞山禪師不饒過他，一直追問道：「為什麼不快說呢？」

初首座不甘示弱地答：「快了就無所得。」

洞山不以為然，反駁道：「你說都沒說，還談什麼快了就無所得？」

初首座又默然。

洞山禪師這才覺得遇到了對手，因此就溫和說道：「佛和道都只是名詞而已，我問

你，為什麼不引證教義來說呢？」

初首座反問道：「教義是怎麼說的？」

洞山禪師拍掌大笑回答道：「得意忘言！」

好一句「得意忘言」，真正的奧妙是只可意會不可言傳的。

正向密碼

真正的智慧是超越頭腦上的聰明

而且它也不在語言文字的載體中

有一天，一個哲學家來找佛陀，向他請教：「不用語言，也不用非語言，你告訴我真理好嗎？」佛陀保持沉默。

那個哲學家向佛陀鞠了個躬，感謝佛陀，說：「你的慈悲使我清除了妄念，進入了真理之道。」

哲學家走後，阿難陀問佛陀，哲學家得到了什麼真理。

佛陀答道：「一匹好馬即使只是在鞭子的影子下也能跑。」

佛陀接受到哲學家的發問後，保持了沉默，但他以自身的整個存在（包括慈悲），帶動和感染著哲學家，在他們都不說話的那一刻，有一微妙的東西從佛陀那裡流向哲學家，從而完成了一種交流。

這種交流，不是語言的，也不是非語言的，但它傳承了真理，啟迪了智慧。

語言是為了人與人之間的聯繫和交流而設立的，它只是一種工具，這一工具將一個人擁有，而另一個人沒有的東西傳遞出去。

如果有一樣東西，兩個人都擁有，而且可以互相感知，比如愛、慈悲、佛理、道，這個時候，語言就失去了存在的必要，因為這種相同的東西，可以讓人彼此心有感應。

佛祖釋迦牟尼在靈山法會上拈花微笑，一句話都沒有說，眾弟子面面相覷，只有尊者迦葉微笑了，這微笑是因為領悟了佛法無法用言辭表達。而在拈花微笑之間悟道，真是一種深奧微妙的境界。

↗改變自己的正向智慧

一、實際上，認識事物不一定要透過文字語言，藉著佛教禪修調伏內心喋喋不休的對話，我們便能夠超越語言、以一種「默觀」的方式來認識事物。

二、所謂「此中有真意，欲辯已忘言」，沒有滔滔雄辯，只是靜觀當下，自給，自足，自得。

三、真理是不需要理解的。對於不相信、不去理解的人，嘴巴長在他們身上，就算有再多的批評，也不會對真理本身有所減損的，真理不可能被三言兩語就撼動。

正向活法19

生命中缺少的不是風景，而是發現美麗風景的眼睛

天堂就在每一朵野花的深處，只要你能細心觀察，在平淡中能夠窺見深刻的智慧，在看花中能夠悟道，甚至在風景中也能成佛。

在自然天地之間，有無處不在的禪機妙意。一粒沙塵中包含一方世界，一朵野花中蘊藏一個天堂。

生命中缺少的不是風景，而是一雙發現美麗風景的眼睛。道理是如此平常，關鍵是我們有沒有像孩童一般的單純心靈來體悟。

一切世間的學問、智慧、思想，一切世間的事，都可以使你悟到般若其實到處都是。的確，一切現成，就看你怎麼揀拾了。

國學大師南懷瑾先生曾講述的下面這則關於黃庭堅悟道的禪宗公案故事，能很好地闡

釋這一點：

江西詩派的開創者黃庭堅又名黃山谷，是北宋與蘇東坡齊名的大詩人，即「蘇門四學士」之一。黃山谷跟晦堂禪師學禪，雖然他的學問很好，但是跟著師父學了三年還沒有悟道。有一天，他問晦堂禪師說：「師父，有什麼方便法門告訴我一點好不好？」

晦堂禪師說：「你讀過《論語》沒有？」

黃山谷說：「當然讀過啦！」

師父說：「《論語》中有兩句話：『二三子，我無隱乎爾？』」意思是說：你們這幾個學生！不要以為我隱瞞你們，我沒有保留什麼秘密啊！我懂的早就傳給你們了。

黃山谷這一下臉紅了，又變綠了，告訴師父他實在不懂！

老和尚一拂袖就出去了。黃山谷啞口無言，心中悶得很苦，只好繼續跟在師父後邊走。這個晦堂禪師只管自己走，沒有回頭看，曉得他會跟來的。

走到山上，秋天桂花開，花香馥鬱，如酒醉人，師父就回頭問黃山谷：「你聞到桂花香了嗎？」

黃山谷先被師父一棍子打悶了，師父在前面大模大樣地走，不理他，他跟在後面，就像小學生挨了老師處罰一樣，心裡又發悶，這一下，老師又問他是否聞到桂花香味，他把鼻子翹起，聞啊聞啊！然後說：「我聞到了。」

他師父接著講：「二三子，我無隱乎爾！」師父的意思是說：你看！就像你能夠聞到月桂樹的味道，那麼你也能夠在當下這個片刻間就聞到佛性，就在月桂樹裡面，就在這個山中的小徑上，就在小鳥裡面，就在太陽裡面；它就在我裡面，就在你裡面。你是在說什麼鑰匙線索？你是在說什麼秘密？我並沒有保留任何東西不讓你知道啊。

經師父這一點破，黃山谷即刻悟道了。

正向密碼

一個無心的人視而不見，只能看到平淡無奇的一切，
而一個有心人卻能在平淡中窺見深刻的智慧。

黃山谷是幸運的，因為他有一顆詩心和一雙慧眼，真理往往為開放的心靈打開。一個人只有用自己的心去感悟，用自己的眼睛細緻地觀察，才能真正體悟到佛禪的境界。

翠竹黃花皆藏般若，世間一切法皆有禪意。一個無心的人視而不見，只能看到平淡無奇的一切，而一個有心人卻能夠空出心來，在平淡中窺見奇趣，從中汲取深刻的智慧。

天大地大，氣象萬千，多觀察世間萬物，多留意身邊的翠竹黃花，多體悟風雲變幻，只要你有心，你就有可能從中體悟到妙不可言的佛法禪機。

改變自己的正向智慧

一、大千世界，佛法充盈其中，禪意無處不在。青青翠竹，盡是法身；鬱鬱黃花，無非般若。

二、藍天草原是禪，茫茫大海是禪，只要有著修行的心，生活中無處不是禪意，若是用禪的智慧指導生活起居坐臥，淨化自心、解答生活中的困境與問題，便能讓撫清心中的佛性，讓人生活得幸福、自在、自由、和樂、安祥。

三、我們的心就像一個容器，裏頭如果裝滿了快樂，就裝不下煩惱、如果裝滿了滿足，就裝不下貪婪、如果裝滿了體貼，就裝不下怨恨、如果裝滿了寬容，就裝不下計較。

四、生活就是一種修行，而修行就是一種修心，要是修成一顆佛心，那麼何時何處都快樂，何時何處都幸福。

正向活法20

該吃飯的時候吃飯，該睡覺的時候睡覺

一般人習慣一心多用，吃飯時不好好吃飯，有種種思量；睡覺時不好好睡覺，有千般妄想。

在生活中，必須擁有一顆平常心，平常心才是大道，平常心是一種生活的大智慧，是踏踏實實行走在生命路途上誠摯的熱情。

一天，有源禪師來拜訪大珠慧海禪師，請教修道用功的方法。他問慧海禪師：「和尚，您也用功修道嗎？」

禪師回答：「用功！」

有源又問：「怎樣用功呢？」

禪師回答：「餓了就吃飯，睏了就睡覺。」

有源有些不解地問道：「如果這樣就是用功，那豈不是所有人都和禪師一樣用功了？」

禪師說：「當然不一樣！」

有源又問：「怎麼不一樣？不都是吃飯、睡覺嗎？」

禪師說：「一般人吃飯時不好好吃飯，有種種思量；睡覺時不好好睡覺，有千般妄想，我和他們當然不一樣。」

的確，認認真真地去做好手中的每一件事情，便是得道。

慧海禪師曾經告誡說：「世人很難做到一心一用，他們在利害得失中穿梭，囿於浮華的寵辱，產生了『種種思量』和『千般妄想』。

他們在生命的表層停留不前，這是他們生命中最大的障礙，他們因此而迷失了自己，喪失了『平常心』。要知道，只有將心靈融入世界，用心去感受生命，才能找到生命的真諦。」

然而，只有找回自己的平常心，才能做到禪宗公案有名的黃龍三關裡的「見山還是山，見水還是水」。

在修禪之前，山是山，水是水；在修煉禪宗之時，山不是山，水不是水；修成之後，山仍是山，水仍是水。

「這是什麼意思呢？弟子不明白。」看到這個「黃龍三關」公案的學僧不解地問禪宗大師。

大師解釋說：「最先的狀態和最後的狀態是相似的，只是在過程中截然不同。最初，我們看到山是山，最後看到山還是山。但在這過程當中，山不再是山，水不再是水，為什麼呢？」弟子搖頭，表示不知道。

禪師繼續說：「因為一切都被你的思維、意識攪亂了，混淆了，好像烏雲密佈、雲霧繚繞，遮住了事物的本來面目。但是這種混淆只存在於當中的過程。在沉睡中，一切都是其本原；在三昧中，一切又恢復其本原。正是關於世界、思想、自我的認識使簡單的事物複雜化了，它正是不幸、地獄的根源。」

弟子自以為明白了大師的解釋，哀聲嘆氣聲嘆氣地說：「哎，這麼說起來，凡夫俗子和修禪的開悟者也沒有什麼區別啊！」

「說得對！」大師答道，「實在並沒有什麼區別，只不過開悟者離地六寸。」

正向密碼

世人很難做到一心一用，總是在利害得失中穿梭由此可見，無雜念的心，才是真正的平常心。這需要修行，需要磨練，一旦我們達到了這種境界，就能在任何場合下，放鬆自然，保持最佳的心理狀態，充分發揮自己的水準，施展自己的才華，從而實現完滿的「自我」。

而我們只有心無雜念，將功名利祿看穿，將勝負成敗看透，將毀譽得失看破，才能獲得禪宗所說的「平常心」。

生命是一個過程，讓我們懷著玩味的心情，懷著一顆平常心對待身邊所有的事情吧！

改變自己的正向智慧

一、認真，對於我們每一個平凡的人來說都是一種生活姿態，一種對生命歷程完完全全地負起責任來的生活姿態，一種對生命的每一瞬間注入所有熱情的生活姿態。

二、最初，我們看到山是山，最後看到山還是山。但在這過程當中，山不再是山，水不再是水，因為一切都被你的思維、意識攪亂了，混淆了，好像烏雲密佈、雲霧繚繞，遮住了事物的本來面目。

三、一個人的生活如果無法擁有平常心，言行舉止要被心情所左右，他一定是善變的，他的人生會像風中的浮雲，隨風搖擺，無法自已，活在動盪不安之中。

正向活法21

人生不該被煩惱束縛，斬斷才能自由自在！

如果你能平安健康快樂地度過今天，就應該知足了，因為，有很多人不能目睹今天的朝陽從東方升起，不能和常人一樣自由地運動玩耍，還有很多人置身於痛苦之中。

放下！這是非常不容易做到的，世上的人有了功名，就對功名放不下；有了金錢，就對金錢放不下；有了愛情，就對愛情放不下；有了事業，就對事業放不下。

名韁利索纏繞著我們的身心，使我們陷入世俗紅塵的泥淖中不能自拔。

有個大學生生從家裡到一座寺院去，在路上他遇到了一件有趣的事，他想以此去考考寺院裡的老和尚。

來到寺院後，大學生與老和尚一邊品茶，一邊閒談，冷不防他問了一句：「什麼是團團轉？」

「皆因繩未斷。」老和尚隨口答道。

大學生聽到老和尚這樣回答，頓時目瞪口呆。

老和尚見狀，問：「什麼使你這樣驚訝啊？」。

「不，老師父，我驚訝的是，你怎麼知道的呢？」

大學生說：「我今天在來的路上，看到一隻狗被綁了狗鍊拴在樹上，這隻狗想離開這棵樹，到草地上去玩耍，誰知牠轉過來轉過去都不得脫身。我以為師父沒看見，肯定答不出來，哪知師父一下就答對了。」

老和尚微笑著說：「你問的是事，我答的是理，你問的是狗被繩縛而不得解脫，我答的是心被俗務糾纏而不得超脫，一理通百事啊！」

想想我們自己，其實也是被一根無形的繩子牽著，像老牛一樣圍著樹幹團團轉，總解脫不了，我們的處境又比老牛好到哪兒去呢？

正向密碼

既然人生無法避免痛苦，我們何不想辦法讓自己快樂一些呢？

為了錢，我們東西南北團團轉；為了權，我們上下左右轉團團；為了欲，我們上上下下奔竄；為了名，我們日日夜夜竄奔。名是繩，利是繩，欲是繩，塵世的誘惑與牽掛都是繩。

何必跟人爭，何必跟別人賭氣？你要，我順著你。我想做一樁好事，你反對，你不歡喜，我隨順你，我就不做。

對活在忙碌緊張、名利纏繞的現代社會的我們而言，在肩上的重擔，在心上的壓力，豈止是可以量化？曾有人說：「生命要有壓力，人生才會有重量。」殊不知，這些重擔與壓力，使人活得非常艱難，簡直要將人給壓垮。

你，是你自己的；我，是我自己的。既然我們都是我們自己的，那麼，我們為什麼要不高興呢？

薩特說：「世界是荒謬的，人生是痛苦的。」

既然人生無法避免痛苦，我們何不想辦法讓自己快樂一些呢？在生活中，有得不到的東西，但是也有得到的東西，只要透過自己的努力，我們總會避開痛苦，得到快樂，因為付出總會有所回報的。

我們的人生可以由自己來安排，來主宰，我們的生活是自己在進行著，雖然有的時候會被別人暫時打斷，但是總體上是我們自己的，你會讓自己不開心嗎？你會讓自己哭泣

嗎？

如果你能平安健康快樂地度過今天，就應該知足了。有很多人不能目睹今天的朝陽從東方升起，不能和常人一樣自由地運動玩耍，還有很多人置身於痛苦之中。如果你很健康，擁有一份工作，而且還有幾位知心朋友的話，那麼你就應該時刻綻放出笑容，為別人帶來快樂的祝福，你就應該天天認真努力去做，放不下的也要咬緊牙根逼著自己放下，如此一來，時間久了慢慢就自然、慢慢就隨緣自在了。

↗改變自己的正向智慧

一、在亂世修行如果不懂得通權達變，只能自利不能處眾，弘法利生很困難。所以在什麼環境下，用什麼手段處世，我們都應該知道，努力學習。

二、在生活中，有得不到的東西，但是也有得到的東西，只要透過自己的努力，我們總會避開痛苦，得到快樂，因為付出總會有所回報的。

三、必要的時候放下，放下執著、放下痛苦、放下糾結，不失為一種讓人重獲新生，柳暗花明的一種方法！

正向活法22

人際關係，其實是一種因果關係的循環

人在失意時得罪了人，可以在得意時補償，在得意時得罪了人，卻不能在失意時彌補。

人無論得意時還是失意時，只有選擇善待他人，才能獲取別人對自己的善待。

我有個鄰居是中小企業老闆，當他生意正好的時候，他的汽車碾扁了別家的花草盆栽，他的狼犬自由出入，對著鄰家的小孩露出可怕的白牙，他修房子把建材亂堆在鄰家門口。

坦白說，他在鄰居之間沒有什麼人緣。

後來，他的企業因周轉不靈而歇業。我們經常在街巷中相遇，我步行，他也步行，他的臉上有笑容了，他的下巴收起來了，他家的狼犬也拴上鏈子，他也經常彎腰摸一摸鄰家孩子的頭頂，可是，坦白說，他仍然沒有什麼人緣。

一天，偶然跟他閒談，談到人世煩憂和恩怨，我隨口說：「人在失意時得罪了人，可以在得意時補償，在得意時得罪了人，卻不能在失意時彌補。」

言者無心，聽者有意，他若有所悟地點一下頭。

一段時日後，終於，這個鄰居的企業又「生意興隆」起來。他又有小車可坐，不過他的小車從此不再按喇叭叫門，並且在雨天減速慢行，小心防止車輪把積水濺到行人身上。他的下巴仍然收起來，仍然時不時地摸一摸鄰家孩子的頭頂。

再後來，他搬家了，全體鄰居依依不捨送到公路邊上，用非常真誠的聲音對他喊「再見」。

正向密碼

你善待別人，別人也會善待你

有一個貧窮的小男孩為了賺取自己的學費，正挨家挨戶地推銷商品。勞累了一整天的他，此時感到十分飢餓，但摸遍全身，卻只有一角錢。

無法可想的他，決定向下一戶人家討口飯吃。當一位美麗的女孩打開房門的時候，這個小男孩卻有點不知所措了，他沒有要飯，只乞求給他一口水喝。

這位女孩看到他很飢餓的樣子，就拿了一大杯牛奶給他。男孩慢慢地喝完牛奶，問道：「我應該付多少錢？」女孩回答道：「一分錢也不用付。媽媽教導我們，施以愛心，不圖回報。」

男孩說：「那麼，就請接受我由衷的感謝吧！」

說完男孩離開了這戶人家。此時，他不僅感到自己身心都充滿力量，而且還感覺到這個美好邂逅是上帝對他的旨意——其實，男孩本來是打算退學的，但他放棄了這個念頭。

多年之後，那位美麗的女孩得了一種罕見的重病，當地的醫生對此束手無策。最後，她被轉到大城市醫治，由專家會診治療。

當年的那個小男孩如今已是大名鼎鼎的霍華德．凱利醫生了，他也參與了醫治方案的制訂。當看到病歷上所寫的病人來歷時，一個奇怪的念頭霎時閃過他的腦際。

他馬上起身直奔病房。

來到病房，霍華德．凱利醫生一眼就認出床上躺著的病人就是那位曾幫助過他的恩人。他回到自己的辦公室，決心一定要竭盡所能來治好恩人的病。從那天起，他就特別地關照這個病人，經過艱辛努力，手術成功了。霍華德．凱利醫生要求把醫藥費通知單送到他那裡，在通知單的旁邊，他簽了字。

當醫藥費通知單送到這位特殊的病人手中時，她不敢看，因為她確信，治病的費用將會花去她的全部家當。最後，她還是鼓起勇氣，翻開了醫藥費通知單，旁邊的那行小字引起了她的注意，她不禁輕聲讀了出來：

「醫藥費：一滿杯牛奶。霍華德．凱利醫生」

許多人活一輩子都不會想到，自己在幫助別人時，其實就等於幫助了自己。

他們會問：「明明是我去幫助他們，他們受惠，怎麼是幫助自己呢？我受的惠在哪裡呢？」因為，一個人在幫助別人時，無形之中就已經投資了感情，別人對於你的幫助會永記在心，只要一有機會，他們會主動報答的。

↗改變自己的正向智慧

一、自己讚揚自己的功德，隱瞞別人的好事，使別人受毀謗的，不是修行的人應該做的事。

二、惡事向自己，好事給別人，其實就是善待他人，善待他人自然就能積累善緣。

三、無論人得意時還是失意時，只有選擇善待他人，才能獲取別人對自己的善待。

第三輯　你對待別人的態度，決定你的人生高度

幸福來自於無限的容忍與互相尊重，沒有尊重的世界是可怕的，在這世界上最重要的是要學會尊重每一個人……

正向活法23

把爭吵的時間，拿來做更重要的事情

俗世中的人，往往執著於一時的對與錯，而不能站在另一個人生高度來看待彼此之間的關係，以及對與錯的真正意義。

一個極其寒冷的冬日夜晚，路邊一間簡陋的旅店來了一對上了年紀的客人。不巧的是，這間小旅店早就客滿了。

「這已是我們尋找的第十六家旅社了，這鬼天氣，到處客滿，我們怎麼辦呢？」這對老夫妻望著店外陰冷的夜晚發愁地說。

店裡的服務生不忍心這對老人家出去受凍，便建議說：「如果你們不嫌棄的話，我有一間個人的休息室，你們就在裏頭休息吧，我自己可以在櫃檯裡面打地鋪。」

老夫妻非常感激，第二天要照店價付客房費，服務生堅決拒絕了。臨走時，老夫妻開

玩笑地說：「你經營旅店的才能，真夠得上當一家五星級飯店的總經理。」

「那好！起碼收入多些可以養活我的母親。」服務生隨口應道，哈哈一笑。

沒想到兩年後的某一天，他收到一封寄自紐約的來信，信中夾有一張往返紐約的雙程機票，信中邀請他去拜訪當年那對睡他床鋪的老夫妻。

服務生來到繁華的大都市紐約，老夫妻把小夥計引到第五大街和三十四街交匯處，指著那兒的一幢摩天大樓說：「這是一座專門為你興建的五星級大飯店，現在我們正式邀請你來當總經理。」

年輕的服務生因為一次舉手之勞的助人行為，美夢成真。這就是著名的奧斯多利亞大飯店總經理喬治·波菲特和他的恩人威廉先生一家的真實故事。

從上面的故事中我們發現，任何一種真誠而博大的愛，都會在現實中得到應有的回報。

正向密碼

互相溫暖，就不會爭吵不休，人生的幸福，不是吵來的

仙崖禪師外出弘法，路上，遇到一對夫婦吵架。

妻子：「你算什麼丈夫，一點都不像男人！」

丈夫：「你如果再罵，我就打你！」

妻子：「我就罵你，你不像男人！」

這時，仙崖禪師聽後就對過路行人大聲叫道：「你們來看啊，看鬥牛，要買門票；看鬥蟋蟀、鬥雞都要買門票；現在鬥人，不要門票，你們來看啊！」

夫妻仍然繼續吵架。

丈夫：「你再說一句我不像男人，我就殺人！」

妻子：「你殺！你殺！我就說你不像男人！」

仙崖：「精彩極了，現在要殺人了，快來看啊！」

路人：「和尚！大聲亂叫什麼？夫妻吵架，關你何事？」

仙崖：「怎不關我事？你沒聽到他們要殺人嗎？殺死人就要請和尚念經，念經時，我不就有紅包拿了嗎？」

路人：「真是豈有此理，為了紅包就希望殺死人！」

仙崖：「希望不死也可以，那我就要說法了。」

這時，連吵架的夫婦都停止了吵架，雙方不約而同地圍上來聽仙崖禪師和路人爭吵什麼？

仙崖禪師見狀，便對吵架的夫婦說道：「再厚的寒冰，太陽出來時都會融化；再冷的飯菜，柴火點燃時都會煮熟；夫妻，有緣生活在一起，要做太陽，照亮別人；做柴火，溫暖別人。」

俗世中的人，往往執著於一時的對與錯，而不能站在另一個人生高度來看待彼此之間的關係，以及對與錯的真正意義。

另外，一個人如果能清醒地認識自己和他人的關係，就一定能夠善待他人，尤其是自己的親人、情人。但事實往往恰恰相反，在遇到挫折或者內心煩亂的時候，最不能放過的正是自己的親人。

於是，生活中有了喋喋不休的埋怨、爭吵，以及有了傷心和煩亂。然而，等到冷靜下來才發現正吵得熱烈的，早已不是最初那件煩心的事了，因此，又何必花時間，甚至花感情去爭吵呢？

↗改變自己的正向智慧

一、吵架，讓人的智商嚴重降低，也損毀了平日的形象，發洩後是更大的失落。所以，不要再吵架，安靜下來，讓頭腦放鬆，讓怒火平息，一切終將歸於平淡……

二、煩躁的現代人更需要寧靜的高山流水，而人們卻在爭吵中度過了一天又一天，得不償失。

三、生活中有了喋喋不休的埋怨、爭吵、以及有了傷心和煩亂。然而，等到冷靜下來才發現，正吵得熱烈的，早已不是最初的那件煩心的事了。

正向活法24

想要有所成就的人，必須付諸實踐才能獲得真正的解脫

在我們愛惜自己寶貴生命的同時，更應該珍惜別人的生命，我們不願意受到別人的傷害，也就不應該去傷害別人。

暴雨剛過，道路上一片泥濘。一個老婦人到寺廟進香，一不小心跌進了泥坑，渾身占滿了泥濘，香火錢也掉進了泥裡。

她不起身，只是慌亂的在泥裡撈個不停。一向慈悲的富人剛好坐轎從此經過，看見了這個情景，想去扶她，又怕弄髒了自己身上的衣服，於是便讓下人去把老太太從泥潭裡扶出來，還送了一些香火錢給她。老太太十分感激，連忙道謝。

一個僧人看到老太太滿身污泥還想進廟門，連忙避開，說道：「佛門聖地，怎麼可以玷污？老太太，你還是把這一身污泥弄乾淨了再來吧！」

瑞新禪師看到了這一幕，筆直的走到老太太身邊，扶她走進大殿，笑著對那個僧人說：「曠大劫來無處所，若論生滅盡成非。肉身本是虛無的飛灰，從無始來，向無始去，生滅都是空幻一場，那些區區的汙泥，又有什麼好在意的？」

僧人聽他這樣說便問道：「周遍十方心，不在一切處。要是人的身心都是虛無，難道連成佛的心都不存在嗎？」

瑞新禪師指指遠處的富人，嘴角浮起一抹苦笑：「要是執著身心的『有』，就像那個富人不能捨、不能破，還在泥裡轉！」

那個僧人聽了禪師的話，頓時感到無比慚愧，垂下了目光。

瑞新禪師回去便訓示弟子們：「金錢珠寶是驢屎馬糞，親身躬行才是真佛法。身躬都不能捨棄，還談什麼出家？」

因此，我們可以這麼說，禪不是虛玄的，而是一個修正的事實。每個想要有所成就的人，都必須付出實踐才能獲得真正的解脫。

佛法需要自己去親自實踐，才能修成正果。正如玄奘法師的一句名言所說的那樣：「如人飲水，冷暖自知。」

我們想怎麼樣獲得幫助，就應該怎樣去幫助別人。

佛教是一種道德實踐的宗教，它雖具有高深的哲理，卻又極注重道德行為的實踐。一個佛教徒，必須要在日常生活行為中，隨時隨地地努力去做好事，儘量避免一切過失，才能培養成完善的人格。

那麼到底要避免什麼過失？又要怎樣努力去做好事呢？

從佛教的觀點說，一個人起碼要實行五種道德：一、不殺生而仁愛；二、不偷盜而重義；三、不邪淫而有禮；四、不妄語而誠信；五、不飲酒而正智。

而這五種都是做人應有的基本道德行為。

一般人最捨不得丟掉的東西，既不是吃的、穿的、住的，也不是金錢、珠寶。大體而言，世間人最先追求的是財富。因為沒有財富，生活會過得很苦，所以財富是第一個努力追求的目標。其次是追求聰明、智能。人除了不喜歡呆頭呆腦之外，還想要追求長命百歲——健康長壽！

這三大目標人人追求不捨，古今中外，沒有例外的。

這些東西雖然對我們非常重要寶貴，但有時還是會被人為拋棄的，唯自己的生命，怎樣也捨不得丟！甚至割去了一隻手，鋸去了一隻腳，失去了身體的一部分，仍然會頑強地活下來。所以說，一般人最捨不得丟掉的，便是自己的生命。

在我們愛惜自己寶貴生命的同時，更應該珍惜別人的生命，我們不願意受到別人的傷害，也就不應該去傷害別人。

相同的道理，我們想怎麼樣獲得幫助，也應該怎樣去幫助別人。

↗改變自己的正向智慧

一、一般人最捨不得丟掉的東西既不是吃的、穿的、住的，也不是金錢、珠寶，而是自己的生命。

二、學禪只有實證，你證到了以後才知道，這就像我們追求幸福，要等幸福追求到之後，才會知道的道理是一樣的。

三、佛法是需要修證的，一個人去修證、實踐佛法不一定能成佛，但一個不去修證、實踐的學佛者，則絕對不可能獲得解脫。

正向活法25

面對無謂的惡罵，就把它當做唱歌一樣

能忍受別人的惡言惡語是一件大功德，應把它視之為成全自我修道的善知識。

在《優婆塞戒經．羼提波羅蜜》寫到；世間的罵，有二種：一是罵的內容屬實，二是罵的內容虛假。如果說的是真的，那麼真的還有什麼嗔恨呢？如果說的是假的，說假的人自得其罵，和我沒有一點關係，那我又為什麼嗔恨？

有個故事的大意是說有一天，有位老和尚拿著鋤頭在庭院裡鋤草，突然有一個人莽撞地跑來謾罵他、詛咒他：「你這騙財騙色的老和尚！」

老和尚聽了沒有生氣也沒有解釋，態度非常從容地回答說：「你自己沒有就好了。」

然而，這個簡單故事告訴我們，真正的修行者心中光明磊落，不被環境所轉，而是抱持著「如果我騙財騙色，我下地獄；但是別人沒有這樣就好了！」的態度讓自己可以灑脫自在地來面對毀謗，不像一般人若聽到他人的毀謗，會氣得暴跳如雷，會覺得自己受到了傷害。

《優婆塞戒經．自他莊嚴品》裡也強調：「仇人和親人同樣受苦之時，應先救仇人，別人來辱罵自己，自己心中反而要產生憐憫之情。」每個修道者應該知道，當別人來惡罵你時，就把他當做唱歌一樣，他打你也當做自己去撞了門檻一樣，也就是把打罵當做喝蜂蜜糖水那麼甜，假如做不到這點，就是還沒有真正悟道。

正向密碼

當有人願意在你面前說實話，其實是一種幸福

我們要判斷一個人有沒有氣度，只要觀察一下他們在挨罵之後的表現就足夠了。氣度小的人，一般來說，都是聞罵則怒，暴跳如雷，甚至大打出手。氣度大的人，無論對方罵得是否有理，斷不會如此。

在這方面，武則天令人佩服。武則天稱帝之後，引起一些地方起兵反對，其中有一位名將徐敬業在揚州發難。隨其起兵的著名文人駱賓王起草了一篇《討武曌檄》，列舉武則天二十大罪狀。

武則天見了檄文，非但未動怒，不以「犯上」治罪，反而十分賞識檄文作者的才華。而曹操也有此襟懷，他曾遭陳琳撰檄文痛罵，但他收降陳琳之後，不但不怪罪，而且還任其為主簿，加以重用。

上述不論是罵武則天還是曹操的檄文都是罵得有理的，被罵者選擇隱忍不發，甚至是反躬自省，都還可以理解，但要是對方罵得無理，被罵者還能坦然處之，那可更顯出他廣大的襟懷，有關林肯的兩個事例，一定會讓你心悅誠服。

一天，林肯和兒子羅伯特乘車上街，街道被路過的軍隊堵塞了。林肯打開車門，踏出一隻腳，問一個行人：「這是什麼？」意思是哪支軍隊。那人以為他不認識軍隊，便鄙夷地答道：「聯邦的軍隊，你真是個大笨蛋！」

林肯說了聲「謝謝」。關閉了車門，他嚴肅地對兒子說：「當有人願意在你面前說實話，其實是一種幸福。」

還有一次，林肯問一個在陸軍部大樓前徘徊的小夥子在幹什麼。

「我在前方打仗受了傷，他們不理我，那狗婊子養的林肯現在也不來管我了。」小夥子回說。

林肯問：「你有證件嗎？我是律師，看你的證件是否有效。」小夥子遞過證件，林肯看完後說：「你到三〇八號房間，找安東尼先生，他會幫助你辦理一切的。」

你瞧，多有意思，無端挨了臭罵，不但不惱，還說「謝謝」，認為聽到了真話，還感到幸福，並且真心實意地幫助罵人者排憂解難，林肯這樣的修養和氣度，可以說是人生的最高境界。

↗改變自己的正向智慧

一、想要判斷一個人有沒有氣度，只要觀察一下他們在挨罵之後的表現就足夠了。氣度小的人，一般來說，都是聞罵則怒，氣度大的人，無論對方罵得是否有理，斷不會如此。

二、若是罵得有理的，被罵者選擇隱忍不發，甚至是反躬自省，都還可以理解，但要是對方罵得無理，被罵者還能坦然處之，那可更顯出他廣大的襟懷。

三、你一有嗔恚，就把一切善法障住，使修行也不得其利益，越修越退步。為什麼會越修越退步？就因為有嗔恚在。

正向活法26

「問心無愧」沒有那麼簡單，但也沒那麼困難

西方古代格言說：「做壞事的人最受做壞事的苦。」

古羅馬的哲學家奧古斯丁晚年著《懺悔錄》，回憶自己青年時代種種孟浪荒唐行為，比如荒廢學業，放縱肉慾，偷竊東西，欺騙朋友，追求奇特的快樂和滿足，他內心深感不安和悔恨。

法國思想家盧梭曾被同時代的哲人狄德羅酷評為「不老實，像撒旦一樣自負，忘恩負義，殘忍，偽善，充滿敵意」，他同樣寫過一部《懺悔錄》，將自己的劣跡和惡行一一向世人曝光，毫無遮掩，毫無隱諱，比如偷竊，栽贓，通姦，遺棄子女等等，他與奧古斯丁一樣，內心感到十分羞愧，所以才用解剖刀似的筆觸撰寫回憶錄，以求卸下沉重的精神包袱，獲得喘息之機。

他們的懺悔是真誠的，寬宏大度的讀者絕不會抓住他們的私德有虧而痛加譴責。

你也許會說：「為何世間有一群人，做盡骯髒勾當和缺德事，仍然能夠活得十分快活呢？他們內心似乎根本沒有一絲一毫的羞愧和歉疚。」

答案是：一個人良知泯滅了，他就根本沒有資格再奢談人生境界，即使權勢熏天，富可敵國，名噪全球，也只是物質世界的飛人，精神世界的爬蟲。

想想看，南宋宰相秦檜賣國求榮，害死了抗金英雄岳飛，他拒不愧疚；明朝崇禎皇帝朱由檢中反間計，冤殺了抗金（後金）英雄袁崇煥，他也拒不愧疚，儘管事後秦檜宰相照當，朱由檢皇帝照做，他們又達到了什麼人生境界？

前者是中國歷史上天字第一號的奸臣，石像長跪在岳墳前，遭到千秋唾罵，後者是亡國昏君，自作孽，不可活，吊死在北京煤山的歪脖子樹上，也很難博得世人的同情。

挪威大劇作家易卜生曾對兒子西居爾說：「睡得好而吃得不好，比吃得好睡得不好強。」因為，良心安穩，能夠平靜的入睡，絕對要比物質利益更值得珍視。

正向密碼

照亮自己，也照亮別人：與其詛咒黑暗，不如讓自己發光。

禪宗秉承的佛法是大乘菩薩道的精神，就是為利益一切眾生而有所作為，一切一切的作為，都是處處犧牲自我，成就他人，而這才是生命的最高道德，值得世間每一個心靈向上者的皈依。

禪是一盞燈，照亮自己，更照亮別人。下面故事中的這位盲者比明眼人更幸福，他在暗夜挑的燈籠，成為過路人的嚮導，也讓他自己避開許多危險。

有一個和尚走在漆黑的山路上，因為路太黑，和尚被行人撞了好幾下。他繼續向前走，看見有個人提著燈籠向他走過來，這時候旁邊有行人說：「這個瞎子真奇怪，明明看不見，卻每天晚上打著燈籠！」

和尚被那個人的話吸引了，等那個打燈籠的人走過來的時候，他便上前問道：「你真的是盲人嗎？」那個人說：「是的，我從生下就沒有見到過一絲光亮。」

和尚更迷惑了，問道：「既然你什麼都看不見，你為什麼還要打燈籠呢？」

盲人說：「我聽別人說，每到晚上，人們都變成了和我一樣的盲人，因為夜晚沒有燈光，所以我就在晚上打著燈籠出來。」

和尚感嘆道：「你的心地多好呀！原來你是為別人！」

盲人回答說：「不是，我為的是自己！」

和尚更迷惑了，問道：「為什麼呢？」

盲人說：「我是盲人，什麼也看不見，所以很了解在黑暗中跌跌撞撞的痛苦。既然我的燈籠為別人照了亮，讓別人看到了我，這樣他們就不會因為看不見我而撞上我了。」

和尚頓悟，感嘆道：「我辛苦奔波就是為了找佛，其實佛就在我的身邊啊！」

↗改變自己的正向智慧

一、仰不愧於天，俯不怍於地，這的確不是我們輕易即可抵達的人生境界，但只要修正本心，不為外物所迷惑，處世以真，待人以誠，不以狡詐強橫為能事，慎終如始，不欺暗室，即可問心無愧。

二、與其說懲罰追逐罪惡，還不如說懲罰之於罪惡乃是如影隨形。

三、一個人，如果能夠心存善念、行善性，即使他從來沒有學過佛，他也可以被稱為菩薩，因為他心中的光，照耀著這個荒寒冷漠的世間。

正向活法27

用心中的燭光照亮在黑暗的自己

人最忌諱的就是失去光明的心智，漸漸被黑暗的罪惡所包圍；最可怕的是步上貪婪、暴力和癡迷之路。

什麼是三千大千世界呢？一千個太陽系這樣的世界，叫做一個小千世界，一千個小千世界，叫做一個中千世界，再把一千個中千世界加起來，叫做一個大千世界。

釋迦牟尼佛說這個虛空中，有三千個大千世界。實際上不止三千大千世界，而是不可知、不可數、不可量的。

我們的心空既然像個小宇宙，是不是只能永遠空虛呢？不，我們心靈的空間僅僅像是小小一間心房，一根火柴，一支蠟燭，足以讓亮光充滿心空。

有位禪師為了測試他的三個弟子哪一個最聰明，就給了他們三人每人十文銀子，讓他們想辦法用十文銀子買來能裝滿一個巨大房間的東西。

第一位弟子反覆思考很久之後，心想：「什麼才是市場上體積最大、價格最低的東西呢？」最後他跑到市場上，買了很多棉花。但棉花買回來以後，只將這間房間裝了一半多一點；第二位弟子與第一位弟子的思路非常相近，他也在反覆尋找市面上體積最大、價錢最便宜的貨物。最終他挑選了最便宜的稻草，但十文銀子的稻草也只能將房間填滿三分之二；輪到第三位弟子，前兩位弟子和禪師都等著看他的答案。只見他手上什麼東西也沒有拿就回來了。前兩位師兄弟感到非常奇怪，禪師卻在暗暗點頭。只見第三位弟子請禪師和另外兩位弟子走進房間，然後將窗戶和房門緊緊地關上。整個房間頓時伸手不見五指，漆黑一片了。

這個時候，這個弟子從懷裡取出他花一文錢買來的一支蠟燭。他用火柴點燃了蠟燭，頓時，漆黑的房間裡亮起昏黃的燭光。

這片燭光雖然微弱，但是將房間的每一個角落都照到了。第三位弟子成功地僅用一文錢裝滿了整個房間。

每個人都需要禪，每個人也都能參禪。

禪能夠給人安定、徹悟、清淨、智慧，這些正是忙亂、疲憊、被折磨、被遮蔽的現代人最需要的東西。

懂得了禪，就能夠在富時平和、在窮時快樂，工作時舒心、休息時放心，就能夠生無煩惱，死無畏懼。儘管一片黑暗的室內，依然能用心中的燭光照亮身邊的一切。

正向密碼

擦亮你心中的火柴，點燃克服一切煩惱的心燈

釋迦牟尼在靈山法會上，「佛陀拈花，迦葉微笑」，會心會意之間，禪誕生了。千載之後，菩提達摩一葦渡江，北登嵩嶽，大乘佛法從此傳遍華夏。

菩提本無樹，明鏡亦非台；本來無一物，何處惹塵埃。

隨著這首著名詩偈的橫空出世，將禪宗的空無觀演繹到極致，而這首詩偈的作者不僅是一個不識一字的農夫，而且還出人意料地得到五祖弘忍的衣鉢，成了六祖慧能，然而，慧能所傳的「頓悟禪」強調明心見性、頓悟成佛，這種頓悟禪認為，每個人都有佛性，與生俱來，從這個意義上講，人人都能成佛。

當然，參禪不一定是為了成佛，禪對普通人的生活也有極大的助益。

禪悟並不難！佛性本來存在於每個人的內心，每個人心中都有禪的種子，只要遇到合適的土壤，這種子就會破土而出，開花結果。

禪就是我們內心的火柴和蠟燭，當我們用智慧點燃這盞禪燈的時候，我們的內心也會被光明和溫暖充滿。心燈是無形的智慧，能克服煩惱、使人自在的積極心志，我們需要這樣的溫暖和光明。

不要被佛的精深博大所嚇倒，你所擁有的禪意禪感，足夠你歡喜快樂，趕快擦亮你心中的火柴吧！

↗改變自己的正向智慧

一、人類的貪婪成性，容易使人失去理性和情性，最後心靈完全黑暗。保持一顆清淨的心，知足常樂，才是得到平安，收穫幸福果實的道路。

二、禪可以幫助人們開闊心胸、堅定毅力、開發智慧、調和精神、防護疾病、磨練心地、鍛鍊理解力和思考力。

三、三千大千世界，無窮無盡，不可想像，有無數奧妙神奇的事物，其實，我們的內心更是一個極其神秘的世界，心靈的空間有無限大，窮盡一生之力，我們也不能探出個究竟。

正向活法28

沉默是最好的武器：很多時候不說比說更能傳達更多意涵

當你不能充分確定自己的話會對他人有益的時候，就應該選擇沉默。

阿拉伯有句俗語：「你要說話時，你的話必須要比沉默更有益。」

所以，在你說話之前，不妨先問問自己：我為什麼想說話——是為了自己，為了自己的利益，還是為了別人的利益。如果是為了自己，那就努力保持沉默。

更何況，有的時候，未經思考的心裡話一旦說出口，就會造成某種錯誤。

所以，一個充分開啟靈性的人，能夠從這沉默中悟出禪的道理。

在一些日本的禪院中，有一個舊的傳統：一個流浪的和尚與一個當地的和尚要辯論有關佛教的問題，如果流浪的和尚贏了，他就能住下過夜，如果輸了，就必須自己想辦法去找過夜的地方。

在日本的北方，有兄弟倆掌管著一座寺院。哥哥非常有學問，而弟弟比較笨，並且只有一隻眼睛。

一天晚上，一個流浪的和尚來請求住宿，哥哥對應了很久，感到非常累，就吩咐他的弟弟去辯論，哥哥說：「要在沉默中進行對話。」

過了一小會兒，那個流浪者來見哥哥，並且說：「你弟弟真是個厲害的傢伙，他非常機智地贏了這場辯論，所以我要走了，晚安。」

「在你走之前，」哥哥說，「請告訴我這場對話。」

「好，」流浪者說，「首先我伸出一個手指代表佛陀，接著，你的弟弟伸出兩個手指，表示佛陀和他的教導；為此我伸出三個手指，代表佛陀、他的教導和他的門徒，接著，你聰明的弟弟在我面前揮動著他緊握的拳頭，表示那三個都是來自一個整體的領悟。」隨後，流浪者走了。

過了一會兒，弟弟帶著一副痛苦的樣子跑進來。

「我知道你贏了那場辯論。」哥哥說。

「沒什麼贏不贏的……」弟弟說，「那個流浪者是個非常粗魯無禮的人。」

「噢？」哥哥說，「告訴我那場辯論的主題。」

「是這樣的。」弟弟說，「當他看見我時，他伸出一個手指頭侮辱我只有一隻眼睛，但因為他是一個新來的人，我想還是禮貌些，所以我伸出兩個手指，祝賀他有兩隻眼睛。這時，這個無禮的壞蛋伸出了三個手指，表示在我們中間只有三隻眼睛，所以我氣瘋了，威脅地要用拳頭打了他的鼻子——所以他走了。」

哥哥笑了。

此時只有一笑方了。會心會意，讓禪意如盛開的花朵。

正向密碼

意在言外，不要被言語的牢籠困住了

沉默是最好的武器，只有這樣，一個人的修行才算是到家了。

在人生的談判桌上，「訥者」有時才是最傑出的談判家。面對沉默，所有的語言力量都消失了！

《莊子．外物》中說：「蹄者所以在兔，得兔而忘蹄。言者所以在意，得意而忘言。」可與洞山禪師的故事相印證。

語言是一個媒介，它就如同一段姻緣中的媒人，媒人介紹一對男女相識，後來他們結為夫婦。最終，是這對夫婦在一起過日子，他們只需謝謝媒人就可以了，沒有必要把她接

到家裡供養。

語言是人與人之間溝通的媒介，語言讓人們互相理解。最終，知曉了彼此的意思之後，他們就與這句語言無關了，不必總對它念念不忘，過於執著。

如果拘泥於語言，認為「意」就在語言之中，反而無從理解其中的意思，這種做法，是捨本逐末之舉。

↗改變自己的正向智慧

一、在生活中，你可以不去攻擊別人，但保護自己的防衛網一定要有，這種時候有個很好的做法就是：裝聾作啞！

二、在你說話之前，不妨先問問自己：我為什麼想說話——是為了自己，為了自己的利益，還是為了別人的利益。如果是為了自己，那就努力保持沉默。

三、即使一個人非常明確自己的心意，且能夠遊刃有餘地駕馭語言，他透過語言所表達出來的也是「第二義」，也是殘缺不全的。

正向活法29

用心行住坐臥，才能讓自己過正向生活

生活中處處皆有禪的影子，最簡單的禪，就是把身邊每一件事都用心做好。

唐代有位官員，姓薛名簡，曾問過六祖惠能大師：「現在京城參禪的大師們都說，我們要覺悟必須要坐禪習定，請問大師您有什麼高見？」

慧能大師回答說：「禪理需要用心體悟，怎麼能僅靠打坐呢？」

這句話非常重要，我們必須知道，禪不能從坐臥之相去計較。六祖說：「生來坐不臥，死去臥不坐；原是臭骨頭，何為立功過？」從這一教導中，我們可以真正體會到，行住坐臥，擔柴運水，一舉一動，哪一樣不是禪的境界？寓禪於行住坐臥的生活之中，才能體悟真正的禪趣！生活中處處皆有禪的影子。

自古以來，許多禪師都非常注重在生活中開示弟子，在生活中處處都可以看到他們風趣的禪風，趙州禪師就是一個很好的例子。

有一天，有幾名學僧來向趙州禪師請教禪，第一位學僧說道：「弟子初入禪林，請師父開示！」

趙州禪師反問他道：「你吃粥了沒有？」

學僧回答道：「吃了！」

趙州禪師開示道：「去食堂洗缽盂去！」第一位學僧聽到這些似有開悟。

第二位學僧也說道：「弟子初入禪林，請求師父開示！」

趙州禪師反問他道：「你來多久了？」

學僧回答：「今天剛到！」

趙州禪師又問：「你吃過茶沒有？」

學僧回答道：「吃過了！」

趙州禪師指示他說：「到客堂報到去！」

第三位學僧已在趙州禪師的觀音禪院參學十幾年，所以他也上前問道：「弟子前來參學，十年有餘，不曾蒙受老師開示，今日想辭別下山，到別處去參學！」

趙州禪師聽後，故作驚訝道：「你怎可如此冤枉我，從你來此禪院，你每天拿茶來，我為你喝，你端飯來，我為你吃；你合掌，我低眉，你頂禮，我低頭，哪裡有一處沒有教

導你？」學僧聽後，用心思考。

趙州禪師道：「會就會了，假若用心分別，思維則離道遠矣。」

學僧開悟，但問道：「如何能保住呢？」

趙州禪師道：「但盡凡心，別無聖解。」

生活就是禪，禪就是生活。滿目青山是禪，茫茫大地是禪，浩浩長江是禪，潺潺溪水是禪，青山翠竹是禪，鬱鬱黃花是禪。

真正的學禪絕不僅僅是參參禪，念幾句彌陀，更在於參悟禪宗道理，在於以慈悲的「行」來實踐開悟的「知」。

正向密碼

只要用心去體會，就會發現禪就在日常生活當中

一位詩人吟唱道：「天使的眼淚，落入正在張殼賞月的蚌體內，變成一粒珍珠。」

但實際的情況卻沒有這樣浪漫，蚌本來是為了努力排除體內的沙子，分泌體液，將沙子包圍起來，從而形成珍珠。

恒河數沙，沙子多麼平淡無奇，多得數也數不清，而珍貴就從這平凡中流湧而出。真

理也是如此，它其實就在最平常的生活中，是如空氣、水、陽光一般最平常無奇又最最重要的生命養分！

禪宗其實就這麼簡單，即使你並沒有真正懂得其中的禪理，卻在舉手投足之中處處體現了禪理。不要刻意地尋求禪宗，禪就在生活當中。

就像在恆河的沙中，當你視而不見，只覺得滿河的砂礫平凡無奇，但如果用心體會，就能發覺這些砂都是未成形的珍珠；同樣的，只要你用心去體會，平凡的生活中也處處是禪。

↗改變自己的正向智慧

一、生活是具體的，直接的，體驗的，個人的。禪也是這樣，禪是直接的，打一棒會痛，是直接的，拈花微笑，這也是直接的。

二、生活禪所要強調的是在日常生活中修行，在修行中進行日常生活。而修行當然不是僅僅局限於禪，也包括念佛、學經、打坐、禪定、觀心，也就是指佛教修行的一切法門，因為一切法門都離不開修行。

正向活法30

肯相信自己的相信，才會得到應該得到的回報

信仰是人類賴以生存的眾多支柱之一，若是沒有它，人生就可能崩潰。

迷茫的人生中，總是需要信仰的天光，真正的信仰是堅定不移的，不會因為各種各樣的外界條件而改變。信仰就是生命最重大的支柱。

真正的信仰應該存在於具體的事情之中，甚至存在於一件極普通、極平常的小事之中，比如雪中送炭。

曾經，在一個寒冷的冬夜，有一個乞丐來找榮西禪師，哭訴說：

「禪師，我的妻兒已多日粒米未進。我想盡我的一切努力給他們溫飽，可是始終無法辦到。連日來的霜雪使我舊病復發，我現在實在是精疲力竭了，如果再這樣下去，我的妻兒都會餓死。禪師，請您幫幫我們吧！」

榮西禪師聽後，覺得非常同情，但是身邊沒有錢財，也沒有食物，到底該如何幫助這個可憐人呢？

逼不得已，他只好拿出準備裝飾佛像的金箔說道：「把這些金箔拿去換錢，好好照顧你的家人吧！」

聽到榮西禪師的這個決定，弟子們都很驚訝，紛紛表示抗議：「老師！那些金箔是準備裝飾佛像用的，您怎麼能輕易送給別人？」

榮西禪師非常平和地對弟子說：「也許你們無法理解，可是我實在是為尊敬佛陀才這樣做的。」

弟子們一時無法領悟老師的深意，忿忿地說道：「老師！您說是為了尊敬佛陀才這麼做的，那麼我們將佛陀聖像變賣以後用來佈施，這種不重信仰的行為也是尊敬佛陀嗎？」

榮西禪師不再辯解，只是說：「我重視信仰，我尊敬佛陀，即使下地獄，我也要為佛陀這麼做！」

弟子們仍然不服，還是嘀咕個沒完。

榮西禪師於是大聲斥責道：「佛陀修道，割肉餵鷹、捨身飼虎，在所不惜，佛陀是怎麼對待眾生的？你們真的瞭解佛陀嗎？」

那些絆倒你的，都能讓你在重新爬起時變得更堅強

一個文質彬彬，充滿才氣，富有冒險精神，對朋友真誠、友善的小男孩伴著他那傳奇的經歷，征服了全球億萬讀者。你知道他是誰嗎？他就是哈利．波特，英國女作家JK羅琳所創作的「哈利波特系列小說」中的主人公。你想知道JK羅琳是怎樣完成這部小說的嗎？

和其他作家一樣，年輕的羅琳酷愛寫作，是一個天真浪漫、充滿幻想的英語教師。幸福的家庭，稱心的工作都足以讓羅琳滿足。可沒想到，甜蜜的家庭、美滿的婚姻和理想的工作在一瞬間變成了昨日雲煙。丈夫離她而去，工作沒有了，居無定所，身無分文，再加上嗷嗷待哺的女兒，羅琳一下子變得窮困潦倒。

但是，家庭和事業的失敗並沒有打消羅琳寫作的積極性，用她自己的話說：「或許是為了完成多年的夢想，或許是為了排遣心中的不快，也或許是為了每晚能把自己編的故事講給女兒聽。」她成天不停地寫呀寫，有時為了省錢省電，她甚至待在咖啡館裡寫上一天。

就這樣，第一本《哈利．波特》誕生了。然而，羅琳向出版社推薦這本書的時候，卻遭到了一次又一次地拒絕，沒有誰對這本寫給孩子的童話書感興趣。但羅琳並不氣餒，直到英國學者出版社出版了第一本《哈利．波特》創下了出版界的奇蹟，被翻譯成三十五種語言在一一五個國家和地區發行，引起了全世界的轟動。

羅琳成功了，可誰又知道，這成功的背後包含著多少辛勤的汗水和艱難。

↗改變自己的正向智慧

一、有人曾經說過：人跌倒並不可怕，可怕的是跌倒不爬起來。人的一生，在不斷追求和前進的過程中，必然會遇到各種困難和阻力，必然會碰到失敗與挫折。

二、真正慈善的人，不會拘泥於禮節和形式，他們會將自己的善念化為一汪清泉，讓其流進所有乾渴的心靈。

正向活法31

你對待別人的態度，決定你的人生高度

幸福來自於無限的容忍與互相尊重，沒有尊重的世界是可怕的，在這世界上最重要的是要學會尊重每一個人……

一天，一位四十多歲的中年女人領著一個小男孩走進美國著名企業「巨象集團」總部大廈樓下的花園，她不停地在跟男孩說著什麼，似乎很生氣的樣子。不遠處有一位頭髮花白的老人正在修剪灌木。

忽然，中年女人從隨身背包裡拿出一團衛生紙，一甩手將它拋到老人剛剪過的灌木上。老人詫異地轉過頭朝中年女人看了一眼。

中年女人滿不在乎地回看著他。老人什麼話也沒有說，走過去拿起那團紙扔進一旁裝垃圾的筐子裡。

過了一會兒，中年女人又拿出一團衛生紙扔了過來。老人再次走過去把那團紙拾起來扔到筐子裡，然後回原處繼續工作。可是，老人剛拿起剪刀，第三團衛生紙又落在了他眼前的灌木上……

「你看見了吧！」中年女人指了指修剪灌木的老人對男孩說：「我希望你明白，你如果現在不好好上學，將來就跟他一樣只能做這些卑微低賤的工作！」

老人放下剪刀走過來，對中年女人說：「夫人，這裡是集團的私家花園，按規定只有集團員工才能進來。」

「那當然，我是巨象集團所屬一家公司的部門經理，就在這座大廈裡工作！」中年女人高傲地說著，同時掏出一張證件朝老人晃了晃。

老人聞言，拿出手機，撥了一通電話。很快的，一名男士匆匆走過來，恭恭敬敬地站在老人面前。

老人對男士說：「我現在提議免去這位女士在巨象集團的職務！」老人吩咐完後徑直朝小男孩走去，他用手撫了撫男孩的頭，意味深長地說：「我希望你明白，在這世界上最重要的是要學會尊重每一個人……」說完，老人撇下三人緩緩而去。

中年女人被眼前驟然發生的事情嚇呆了。她認識那個男士，他是巨象集團主管任免各級員工的一個高級職員。

「你……你怎麼會對這個老園工那麼尊敬呢？」她大惑不解地問。

「你說什麼？老園工？他是集團總裁詹姆斯先生！」

中年女人一下子癱坐在長椅上。

正向密碼

心有分大小，待人也要分深淺。

對於每個人來說，如何待人接物都不是一件容易的事情，如果處理不當，則有可能使自己受到無妄之災，因此，出家之人也特別看重為人處世之道。不以貌取人，也是最起碼的品德之一。

趙州禪師是著名高僧，他不僅禪功高深，而且有一套獨特的為人處世之道。

當朝皇帝崇尚佛教，這天帶領人馬特地來拜訪趙州禪師。

此時趙州禪師正臥病在床，他躺著對皇上說道：「陛下！我現已老邁，且有病在身，雖然您特地來看我，但我實在無力下床接待您，請勿見怪。」

皇上聽後不但沒有怪罪，反而對禪師尊重有加，並賜予他袈裟、禪杖各一件。

本地趙王聽說此事也專程來訪。沒想到這次趙州禪師卻親自下床到客堂迎接，此舉令趙王有些受寵若驚。他第二天馬上派遣一位門人送禮品給趙州禪師。聽到侍者稟報，趙州禪師這回卻下床來到門外迎接。

弟子們大惑不解，事後問趙州禪師：「皇上來時，你在床上迎接；趙王來時，你下床到客堂迎接；而門人來時你為何反倒出門迎接了呢？」

趙州禪師解釋說：「你們有所不知，我待客有三等分別：上等人來時，我在床上用本來面目對待他；中等人來時，我下床到客堂用禮貌來接待他；下等人來時，我用世俗的方式去應酬他。」弟子們聽後，覺得有理，對禪師的處世之道，深為佩服。

↗改變自己的正向智慧

一、生活中會遇見各式各樣的人，我們不可能與每個人都合得來，但是有一點是不容懷疑的，那就是你如何對待別人，別人也會如何對待你。

二、只有小人才沒有惻隱之心，只要是心地善良的人，一定能待人如己，以誠示人。

三、決定人生高度的並不是所站的位置，而是心態的高低。

正向活法32

想要別人尊重你，首先便要尊重別人

在生活中，除了平等待人之外，更要學會與別人和諧共處，一個不尊重別人的人，是絕不會得到別人尊重的。

為人處世，當以誠相待，只有世俗之人，才特別看重禮節，愛慕虛榮，更有甚者，常常以貌取人。

一休禪師以機智聰慧而著稱。他對待別人的過失從不直言相勸，而是順其自然發展，並趁機用機智幽默的方式將別人的過失巧妙地表達出來，讓人在輕鬆愉快中深刻反省接受教育。

他門下有一位將軍弟子，這天將軍請一休禪師吃齋飯，一休非常高興。

他為弟子們講完經就如約來到將軍府。因為來時匆匆，沒來得及換衣服，守門的侍衛看他衣服破破爛爛，以為是哪裡來的臭和尚，無論如何也不准他進去。無奈，一休禪師只好回去換了一件嶄新的袈裟，門衛才讓他進去。

將軍左等右等不見一休禪師來赴宴，不禁有些著急。他剛想出門去看一看，這時只見一休禪師穿了一件嶄新的袈裟，急急忙忙從門外走了進來。

將軍有些詫異，但並沒有多問。

等到用餐的時候，一休禪師自己並不吃，只是一味地把飯菜往衣袖裡裝。

將軍看見了有些納悶，不禁問道：「師父，是不是想為家中老母或寺裡僧眾帶些飯菜？如果是這樣那就請您先用吧！過一會兒我叫人再給他們送去就是了。」

一休禪師道：「你今天是請我的袈裟吃飯，並不是請我吃飯，所以我就給袈裟吃！」

將軍一臉迷惑。

一休禪師解釋說：「我第一次來時穿了一件舊衣服，你的門衛就把我擋在外面。我只好回去換了這身新袈裟，他才肯放我進來。既然以衣服的新舊作為邀請賓客的標準，所以我就認為你是在請衣服吃飯，我也只好把飯菜讓給新衣服吃啦！」

將軍聽完，一臉愕然。

正向密碼

尊重，是人際關係的潤滑劑，在人際溝通中，千萬不要傷害對方自尊

虛偽是要付出代價的，以貌取人，常常會把自己置於難堪的境地，穿衣戴帽僅僅是一種裝飾，並不代表什麼，為何要用世俗的眼光去看別人呢？

人都有一定的自尊心，你要想別人尊重你，你首先便要尊重別人。一個不尊重別人的人，是絕不會得到別人的尊重的。

在人們的交往中，自己待人的態度往往決定了別人對我們的態度，就像一個人站在鏡子前，你笑時，鏡子裡的人也笑；你皺眉，鏡子裡的人也皺眉；人對著鏡子大喊大叫，鏡子裡的人也衝著你大喊大叫。

所以，我們要獲取他人的好感和尊重，首先必須尊重他人。

人們渴望自立，成為家庭和社會中真正的一員，平等地同他人進行溝通。

如果你能以平等的態度與人溝通，對方會覺得受到尊重，而對你產生好感；相反地，如果你自覺高人一等、居高臨下、盛氣凌人地與人溝通，對方會感到自尊受到了傷害而拒絕與你交往。

在溝通中，千萬不要傷害對方的自尊，否則，受損失的一定是你自己。有一位中國留美學生常在課餘時間幫一家餐館洗碟子。廚房的監督是一位典型的美國人，他很慷慨，但也很嘮叨。

他常在留學生工作時站在旁邊演講：「你太幸運了，我們的政府批准了你來這裡讀書，現在我又給你一份工作和許多食物，使你連飯錢都省下了……」

有一次，這位監督又重複這話時，留學生站起身指著對方說：「再說下去，我就一拳打扁你的鼻子。」

此後，監督再也沒有發表類似的演講了，因為他終於知道如何尊重別人。

↗改變自己的正向智慧

一、自己待人的態度往往決定了別人對我們的態度，就像一個人站在鏡子前，你笑時，鏡子裡的人也笑；你皺眉，鏡子裡的人也皺眉；人對著鏡子大喊大叫，鏡子裡的人也衝著你大喊大叫。

二、要做到尊重他人，首先必須平等地對待每一個人。心理學研究表明，人都有友愛和受尊敬的慾望，因此交友和受尊重的希望都非常強烈。

正向活法33

過於執著於自我，就會經常被外物牽著鼻子走

不為虛妄所動，不為功名利祿所誘惑，不因無常變化而絕望，就能體會到自己的真正本性，看清本來的自己。

俗語常說：「作繭自縛。」我們常常像蠶蛹一樣，忙碌地為自己編織一個精緻難破的繭。庸人自擾，自尋煩惱；愚人自縛，自綁天足。這是世間天天不斷上演的悲劇。

究其根底，那就是一切都是為了一個「我」，最放不下的也是這個「我」。於是所有人都拼盡一生，去賺取這個「我」所需要的物質享受和精神享受，最終衍生出無窮無盡的痛苦。

過於執著於自我，就會讓人被外物牽著鼻子走。

大學士蘇東坡到金山寺和佛印禪師打坐參禪，蘇東坡覺得身心通暢，於是向禪師問

道：「禪師！你看我坐的樣子怎麼樣？」

「好莊嚴，像一尊佛！」

蘇東坡聽了非常高興。

佛印禪師接著問蘇東坡：「學士！你看我坐的姿勢怎麼樣？」

蘇東坡從來不放過嘲弄禪師的機會，馬上回答說：「像一堆牛糞！」

佛印禪師聽了也很高興！

禪師被人喻為牛糞，竟無以為答，蘇東坡心中自以為贏了佛印禪師，於是逢人便說：「我今天贏了！」

消息傳到他妹妹蘇小妹的耳中，妹妹就問道：「哥哥！你究竟是怎麼贏了禪師的？」

蘇東坡眉飛色舞、神采飛揚地如實敘述了一遍他與佛印的對話。

蘇小妹天資聰穎，才華出眾，她聽了蘇東坡得意的敘述之後，說道：「哥哥，你輸了！禪師的心中如佛，所以他看你如佛；而你心中像牛糞，所以你看禪師才會像牛糞！」

蘇東坡啞然，這個時候才知道，自己的禪功遠不及佛印禪師。

蘇東坡為什麼會輸給佛印？原因就在於他心中還有一個執著於我的羞恥心，說自己是佛就喜笑顏開；蘇小妹指明了他看佛印禪師像牛糞是因心中像牛糞時，就自然失笑。

正向密碼

如果一個人能夠放棄我執，就會減少很多煩惱

人總是趨向於保護自我，相信自我，信賴自己的感覺，憑自己舊有的經驗行事，將自己抓得緊緊的。殊不知，世人所執著的「我」，並不是那個真我，而是自性的一個幻影。

有個年輕人和未婚妻約好在某年某月某日結婚。但到了那一天，未婚妻卻嫁給了別人，年輕人為此備受打擊，一病不起。

年輕人的家人非常擔心，就拜託一位得道的僧人點化一下他。僧人來到他的病床前，從懷中摸出一面鏡子叫年輕人看。

年輕人看到茫茫大海，一名遇害的女子一絲不掛地躺在海灘上。

路過一人，看了一眼，搖搖頭走了。

又路過一人，將衣服脫下，給女屍蓋上，走了。

再路過一人，過去，挖個坑，小心翼翼地把屍體埋了。

年輕人看著鏡子正覺得疑惑的時候，畫面切換。他看到自己的未婚妻，洞房花燭夜，被她的丈夫掀起了蓋頭。年輕人完全搞不清楚狀況，就問僧人。

僧人解釋說：「那具海灘上的女屍就是你未婚妻的前世。你是第二個路過的人，曾給

過她一件衣服。她今生和你相戀，只為還你一個情。但她最終要報答一生一世的人，是最後那個把她掩埋的人，那個人就是她現在的丈夫。」

年輕人聽後，豁然開朗，病也漸漸地好了。

年輕人為什麼會病倒？就因為他太在乎、執著，對自己的未婚妻始終放不下。當僧人幫他解釋了未婚妻的情況後，他就能從心底將這件事放下了，放下了，病自然也就好了。

如果一個人能夠放棄我執，就會減少很多煩惱，在人生的道路上就能輕裝上陣，去擁抱雨露、陽光，收穫像金黃稻子一般的幸福和快樂，讓自己走向無限廣闊自由的天地。

↗改變自己的正向智慧

一、真正學佛法，並不是叫你崇拜偶像，更不是叫你迷信，應無所住而行佈施，是解脫，是大解脫，一切事情，物來則應，過去不留。

二、世人所執著的「我」並不是那個真我，而是自性的一個幻影。

三、做了好事馬上要丟掉，這是菩薩道；相反的，有痛苦的事情，也要丟掉。換句話說，是心有所住。有所住，就被一個東西困住了，就不能學佛了。

第四輯　世間最容易的事，常常也是最難做的事

世間最容易的事，常常也是最難做的事，最難的事也是最容易的事。說它容易，是因為只要願意做，人人都能做到；說它難，是因為真正能做到並持之以恆的，終究只是極少數人。

正向活法34

想快樂並不難，但必須先搞清楚自己為什麼活著

一個人賺錢是靠能力、靠機遇、靠福報，而一個人想獲得福報，靠的是智慧。

曾有僧人問佛說：佈施的福報會被分盡嗎？佛說：譬如一支火炬的火，數千萬人各自拿著火炬來取火，用來做飯、照明，而這支火炬依然如故。而佈施的福報也是如此。

某日，無德禪師正在院子裡鋤草，迎面走過來三位不同職業的信徒，向他施禮，說道：「人們都說佛教能夠解除人生的痛苦，但我們信佛多年，卻不覺得快樂，這是怎麼回事呢？」無德禪師放下鋤頭，安詳地看著他們說：「想快樂並不難，首先要弄明白為什麼活著。」

三位信徒你看看我，我看看你，都沒料到無德禪師會向他們提出問題。

過了片刻，醫生信徒說：「人總不能死吧！死亡太可怕了，所以人要活著。」

農人信徒說：「我現在拼命地勞動，就是為了老的時候能夠享受到衣食無虞、子孫滿堂的生活。」

生意人信徒說：「我可沒有你那麼高的奢望。我必須活著，否則，一家老小靠誰養活呢？」

無德禪師笑著說：「怪不得你們得不到快樂，你們想到的只是死亡、年老、被迫工作，而不是理想、信念和責任。」

信徒們不以為然地說：「理想、信念和責任，說說倒是很容易，但總不能當飯吃吧！」

無德禪師說：「那你們說有了什麼才能快樂呢？」

醫生信徒說：「有了名譽，就能快樂。」

農人信徒說：「有了愛情，才有快樂。」

生意人信徒說：「有了金錢，就能快樂。」

無德禪師說：「那為什麼有人有了名譽卻很煩惱，有了愛情卻很痛苦，有了金錢卻很憂慮呢？」信徒們無言以對。

無德禪師說：「理想、信念和責任並不是空洞的，而是體現在人們每時每刻的生活中。必須改變生活的觀念、態度，生活本身才能有所變化。名譽要服務於大眾，才有快樂；愛情要奉獻於他人，才有意義；金錢要佈施於窮人，才有價值，這種生活才是真正快樂的生活。」

正向密碼

存在存簿裡的金錢只是數字，只有花費出來的金錢才有價值。

佛教的六度的第一個是佈施。佈施，是一種施捨。佈施，也叫捨，就是捨棄。財施，就是財富上的佈施，包括吃的、穿的、用的、住的。人家缺吃少穿，我們有能力就應該佈施給他，就像有些地方發生大水災，此時我們應該把家裡多餘吃的、穿的拿出來，支援災民，這些是「外財施」。

對一般人來說，能做到「外財施」，也不是很容易的事情。至於「內財施」，那就更難了，所謂的「內財」，就是我們的身體。「內財施」，就是把我們的身體，乃至生命佈施出去。

人家要眼睛，你能不能把你的眼睛佈施給他？人家要你的手，你能不能把你的手佈施給他？這個「內財施」只有菩薩才能做得到。

對於我們一般的凡夫來說，要做到「內財施」是非常困難的。而「外財施」，我們學佛的人，甚至不學佛的人，只要有一定的慈悲心、憐憫心或同情心，只要不是很吝嗇的人，多多少少都能做得到。

實際上，在現實中可以佈施的途徑有很多，像在生活中可以用微笑、用歡喜心去對待別人，這叫「歡喜佈施」；有的時候人家很苦惱，需要找一個人訴訴苦，你如果有耐心聽他訴苦，這叫「耐心佈施」；還有在街上排隊買票，或在路上行走，人家有急事，你能讓他先買或先行一步，為他提供個方便，這叫「方便佈施」。

修佛是非常簡單的一件事，就算是在日常生活中，時時處處都可以修行佈施法。

↗改變自己的正向智慧

一、佈施，主要表達一種慈悲心意。如果我們有很多的錢，可以用錢來佈施；如果沒有很多的錢，我們可以隨喜，十塊、五十塊都可以佈施。

二、佈施其實是在為自己累積福報，假若不會佈施，福報就像銀行裡的存款一樣，用完就沒有了。

三、佈施就像做生意的人進行投資一樣，會投資的人，他用錢賺錢，錢就會越賺越多。不會投資的人，一有錢就拼命地花，結果坐吃山空。

正向活法35

一秒就能變億萬富翁

知足是最大的財富，不知足的人，即使在物質上很富有也是貧窮的人；知足的人，即使在物質上很貧窮也是富有的人。

知足的人，即使睡在地上，也覺得很安樂。不知足的人，即使身處天堂，也覺得不滿意。

懂得知足的方法，不管人在何地，都是處在寶貴、快樂、安逸的地方。其實，知足是人生的最大財富，只要懂得知足的人，甚至只要一秒鐘就可以讓自己變成心靈上的「億萬富翁」。

佛經稱我們居住的這個世界是「慾界」，「慾界」的最大特點就在「慾」字上，可以這麼說，我們這個世界上的人，都是生活在強烈的慾望中。慾是什麼?慾是生命內在的需

求。有從生理上發出的，也有由心理上發出的。

慾望非常複雜，其表現的形式千差萬別，佛經中簡單歸納為五種，稱曰五慾。即色慾，眼睛希望看到漂亮的顏色。聲慾，耳朵希望聽到動聽悅耳的音聲。香慾，鼻子希望聞到香味。味慾，舌頭希望嚐到可口的美味。觸慾，身體希望接觸到舒適的環境。

「五慾」在佛經中有時另有所指，財慾，是對財富的希求。色慾，是對男女性交的希求。名慾，是對名譽地位的希求。食慾，是對飲食的希求。睡慾，是對睡眠的希求。

有情生命就是在不停地追逐五慾境界中延續，通常人生所謂的幸福快樂，說穿了，那不過是慾望的滿足，因為當人們慾望滿足時，就會感到快樂，感到幸福。

正向密碼

幸福是一種感覺，一個人只有當他自己覺得幸福的時候，那才是幸福

人的慾望雖然與物質條件有關係，但具備什麼條件才能滿足並無標準，它往往隨著物質環境的改善而水漲船高，古人生活條件簡單，有吃、有住、有穿就能滿足；而現在物質條件豐富了，人們的慾望也隨之膨脹，不僅不會因為豐富的物質環境而感到滿足，而且總是處在不斷向外的追求中。

然而，這些慾望的滿足是不是就能真的得到幸福了呢？答案是不一定的。

那麼究竟什麼才是真正的幸福呢？其實，幸福是一種感覺，一個人只有當他自己覺得幸福的時候，那才是幸福的，相反他自己不覺得幸福，你能說他幸福嗎？而要獲得幸福感，知足的確是一種最廉價也是最有效的方式。

在現在社會中，貪心和懶惰是許多犯罪的原因，許多罪犯因為不想付出勞力又想有收穫，所以才會做出一些搶劫綁架等傷天害理的不法行為，過大的慾望真的很恐怖，必須要有強烈的理性控制著它，要不然可能會做出「一失足成千古恨」的事情，為自己點上不可抹煞的污點。

春秋戰國時代的孔子是知足常樂的典範，在醫學極不發達的時期，他能享年七十三歲，實屬罕見。他的長壽之道就是豁達大度，保持常樂。孔子在周遊列國過程中遭到不少冷遇，但他「在邦無怨，在家無怨」，「不怨天，不尤人」；在食住方面，堅持「食無求飽、居無求安」，非常樂觀。

他注意調節生活，始終保持良好的思想情緒，對人生充滿信心。在修身方面，他堅持「三戒」，即「少之時，血氣未足，戒之在色；及其壯時，血氣方剛，戒之在鬥；及其老也，血氣既衰，戒之在得」。

意思是說，人一生中要警惕三件事：年輕時不沉迷於兒女之情；壯年時不要好勝喜

鬥；老年時不要貪得無厭。

馬克思曾說：「一種美好的心情，比十副良藥更能解除心理上的疲憊和痛楚。」

因此，一個人若想健康長壽，在日常生活中必須堅持做到「三樂」，即知足常樂、自行其樂、助人為樂，保持穩定的思想情緒。

如果能做到「三戒」和「三樂」，便能有益身體健康，延年益壽。

↗改變自己的正向智慧

一、一個貪得無厭的人，即使擁有再多的財富、再高的地位，總是不滿足，生不起幸福感；而知足者，卻能在極為簡單的物質條件中，得到滿足和快樂。

二、人要正確地對待生活，善待人生，不斤斤計較個人得失；做到「小利不貪，小患不避」，知足常樂。

三、一個人若想健康長壽，在日常生活中必須堅持做到「三樂」，即知足常樂、自行其樂、助人為樂，保持穩定的思想情緒。

正向活法36

佈施可以把今世的財富帶到來世

今生所受者前世所為也；彼世所受者今日之所為

由於，人的生命是無常的，所以很多人就在今生今世醉生夢死，有錢就亂花，唯恐一旦死了，自己的財富一文也帶不走。不過，有錢人把今世的財富帶到來世的訣竅就是佈施。

修佈施，有以下幾方面的好處：

第一，佈施能克服我們內在的慳貪和吝嗇：每一個人都會有貪心，有吝嗇心。對治慳貪和吝嗇心的有效方法就是佈施。

第二，佈施可以克服我們對財物的貪著：一個肯佈施的人，他對財物的貪著就會比不肯佈施的人要小。如果經常修佈施，久而久之，貪著心就會越來越小，越來越淡，而一個

貪著非常重的人，他看什麼都好，什麼都捨不得。

第三，佈施可以增長我們的福德：一個人的福德從哪裡來？只有透過佈施，種福田，才能在未來的生命裡得到福德。

第四，佈施可以使我們把今世的財富帶到來世：由於人的生命是無常的，「人生七十古來稀」，所以很多人就在今生今世醉生夢死，有錢就亂花，吃喝嫖賭，樣樣俱全，唯恐一旦死了，自己的財富一文也帶不走。不過，我今天可以告訴有錢人帶走錢財的訣竅，這個訣竅就是佈施。

《大智度論》裡講了一則故事：有一大戶人家失火了，火勢很大，想撲是撲不滅的，在這種情況下，愚癡的人會拼命救火，結果火沒有撲滅，房屋和財產全部化為灰燼。而有智能的人，不會急於拼命救火，他會趕快把貴重的金、銀財寶搬出，至於那些不太值錢的東西燒掉就燒掉吧！把損失挽回到最小的限度之內。

佈施如同救火，因為人世間的萬事萬物都受到無常規律的支配，無常的火在不停地燒著，無常的風在不停地吹著。

正向密碼

佈施錢財的人，錢財不會匱乏；佈施生命的人，壽命不會短促；佈施經法的人，不會缺乏智慧。

生命無常，人的生命過了一天，就意味著向死亡靠近了一天。生命隨時隨地都有死的可能，一口氣上不來，雖有家財萬貫，死時還是兩手空空，一分錢也帶不走。面對這種現實情況應該怎麼辦呢？

唯一的辦法，趁我們還健康，趁我們還有多餘的財物，趕快修佈施，趕快去救濟窮人，趕快去孝敬父母，趕快去恭敬三寶。

把這些財物儘量拿出去做好事，這樣我們才能在將來獲得無窮無盡的財富，才不會被凍死餓死。與此相反，那些愚癡的人，由於沒有智慧，只知道自己享受，有錢就沒有節制地亂花，就像有些暴發戶一樣，有了錢之後，就忘乎所以，不知道該怎麼用了，甚至有吃一頓飯竟然揮霍了二、三十萬元，結果是暴富暴窮。

古語說：「將欲取之，必先與之。」

自己在遇到困難時，渴望幫助，渴望雪中送炭，以解自己燃眉之急，這是人之常理。那麼換一個角度，當別人遇到麻煩時，不也同樣焦急、渴望嗎？為什麼我們不能伸出手去幫他一把，而要悄悄走開呢？

試想，他人遇到了麻煩，我們走開了，他必定在解決麻煩的路上多走一些路；團體遇到了麻煩，我們「走開」了，那必定讓集體利益受到一定損失。社會需要愛心，人類需要幫助，也許只是一根小小的木棒，就可救活一個溺水的人；也許只是薄薄的一條毯子，就可以溫暖一個凍僵的人；也許只是一句話、一隻溫暖的手，就可以喚回失望者的希望。

那麼為什麼我們不去做呢？別走開，讓我們一起來奉獻自己的愛心，一人是人，二人為從，三人成眾，建設美好的未來，需要的不正是這種眾志成城嗎？

↗改變自己的正向智慧

一、我們生活在這個社會上，是社會的一部分，我們要對社會、對他人做出奉獻，才能得到社會和他人的關心、幫助。只是一味要求別人的愛心卻拒絕付出自己的愛心，必將被社會不容。

二、一個人一生的福報是非常有限的，他這一生有多少福報，跟他前生種下的業力相關。還有的人可以活到八十歲，但是由於沒有福報，到四十多歲就因飢餓而死了，所以學佛的人，要修佈施，廣種福田。

正向活法37

生命中總有些難以預料的事，不必太過執著

修持不執著的最大目的，在於擺脫「情緒」的支配，讓愛恨情仇不在內心積存。

我們曾無數次看到這樣的情景，男女雙方都執著地愛著對方。正因為這種執著的愛，產生一種必然的恐懼，那就是怕失去對方；為了不失去對方，就想盡一切辦法，讓對方時時刻刻都能在自己的掌控之下。

這樣就形成了「愛之適足害之的狀態」。這不僅讓自己亂了方寸，也讓他人壓力重重，這不但使自己痛苦，也使他人難受。最終的結果只會產生悲劇。

要打破執著，其實困難重重。畢竟執著緣於渴望，渴望緣於苦樂感受，苦樂感受緣於根塵之觸。修持不執著的最大目的，在於擺脫「情緒」的支配，讓愛恨情仇不在內心積

存。

追求心靈的超越，以傳統佛教術語來說，就是達到解脫、自在。

俗話說：「人生不滿百，常懷千歲憂。」普通人總是被是非、得失、利害所圍繞，一天到晚感到莫名其妙的壓力，展現在臉上都是滿面愁容。

解脫者則深知世間是「如夢幻泡影，如露亦如電」；他瞭解執取人生的現象為實有，根本是種錯覺，在面對生活中的順逆境界，自然知道「人生如戲」，隨緣盡力扮好自己的角色。

因此，解脫者的心境是坦蕩蕩、不憂不悔的。一切都只是行所當行、受所當受，稱得上是真正的「心安理得」。

正向密碼

對於已經做過的事情，不起追悔；面對未來，也不憂心忡忡。

人活於天地之間，常常為生計所迫使，東奔西走，艱辛勞碌，能夠保有隨緣隨性的心態的人又有幾個？更別說擁有逍遙自在的天性了。

正所謂「謀事在人，成事在天」，生命中總有些難以預料的事情，有時候不必太過執著，就像在手中握著一捧細沙，握得越緊，越容易流失。

自以為一切盡在掌握中，一切藏得嚴嚴實實，其實卻十分不牢靠，到處都有縫隙。

童心和真性情是生命裡最原始、最美麗的東西，但在現代化的紅塵風雨中，很多人的性情退化了，要在現代文明中保持真性情，越來越難。

多數人迷失在物質世界中，被世俗偏見、生活所迫，見人說人話，逢鬼說鬼話。與生俱來的一點真性情被磨滅得剩不了幾分，他們將生活本末倒置，無法獲得心靈的自由。

有個故事是這樣的：有兩個禪師是師兄弟，都是開悟了的人，一起行腳。從前的出家人肩上背著一根木棍子，上面有一個鐵打的方方的東西，叫做鏟子。

和尚們背著這個鏟子上路，第一準備隨時種植生產，帶一塊馬鈴薯，有泥巴的地方，把洋芋切四塊埋下去，不久馬鈴薯長出來，可以用來做飯，不用化緣了。第二個用處是，在路上看到死東西就埋掉。

這對師兄弟在路上忽然看到一個死人，一個「阿彌陀佛，阿彌陀佛」，就挖土把他埋掉；一個卻揚長而去，看都不看。

有人去問他們的師父：「你兩個徒弟都是開悟了的人，我在路上看到他們，兩個人的表現是兩樣，究竟哪個對呢？」

師父說：「埋他的是慈悲，不埋的是解脫。」

因為，人死了最後都是變泥巴的，擺在上面變泥巴，擺在下面變泥巴，都是一樣，所以說，埋的是慈悲，不埋的是解脫。

埋或者不埋，都是一種個性天然的體現，在這裡體現了一種真性情的存在，所以，禪師才說他們都開悟了。而這種真性情正是禪宗的精神核心。

水在流淌的時候是不會去選擇道路的，樹在風中搖擺時是自由自在的，這就是蒼天大地賦予的順其自然之奧義。

↗改變自己的正向智慧

一、解脫者則深知世間是「如夢幻泡影，如露亦如電」；他瞭解執取人生的現象為實有，根本是種錯覺，在面對生活中的順逆境界，自然知道「人生如戲」，隨緣盡力扮好自己的角色。

二、我們若看待自己的命運如不繫之舟，如同看到生命的逝去也不驚慌，行雲流水隨他去，便能隨時隨地，隨遇而安。

三、一個人對生命之中擁有的事物，總是想把它們把握得很牢，可是生命永遠都不會讓你完全把握的。

正向活法38

有時候，舌頭比拳頭更具殺傷力

一個人喜歡在言辭上和別人爭鬥是難以獲得安寧的，在面對羞辱、誤解、背叛的時候，沉默本身就是一種寬容。

人與人相處，最容易造的就是口業。古人常講：「病從口入，禍從口出。」意思是說吃東西、吃得不乾淨、吃得不衛生就會生病；說話多，言多必失，有些時候，講者無心，聽者有意，就會產生誤會。

在平時的人際交往中，我們會經常遇到不同於自己的人，大至思想觀點，為人處事之道，小至對某人、某事的看法與評判等等。這些程度不同的差異有時就可能會轉化成人與人之間的爭執與辯論，任何獨立的、有主見的人都應正視這個看似簡單的問題。

在面對羞辱、誤解、背叛的時候，沉默本身就是一種寬容。只是對於一個世俗人來

說，這種寬容會讓自己很不好受，是一種疼痛的過程。

但對於悟道的人來說，這種寬容是一種快樂，因為它能夠感化犯錯的人，讓他們從內心裡反省自己的錯誤，是一種無聲之教。

一位禪師在旅途中，碰到一個不喜歡他的人。連續好幾天，那人用盡各種言語污蔑他。

最後，禪師轉身問那人：「若有人送你一份禮物，但你拒絕接受，那麼這份禮物，最後屬於誰呢？」

那人回答：「屬於原本送禮的那個人。」

禪師笑著說：「沒錯。若我不接受你的謾罵，那你就是在罵自己。」

世間如這個禪師一般置個人利害得失於不顧者又有幾人？在蒙受不白之冤時，人究竟能夠沉默多久？這就看他的心胸有多寬大了。

正向密碼

輸掉一時之爭，卻可能為自己贏得無數友情

其實，以罵止罵，無異於拿矛刺盾，很可能招惹更多的攻擊；以訓斥對待過失，容易引起人的逆反心理，甚至犯更大的錯。不如像大海一樣笑納百川，非但沒有受到吞併污染，反倒匯成汪洋，包蘊無限的生機。

注意觀察我們的周圍，爭辯幾乎無所不在，譬如一個特殊事件、某個社會問題，甚至是一部電視劇，一部小說都可能引起大家的爭辯。

而且，往往爭辯留給我們的印象是不愉快的，因為，爭辯的目標指向很明白，亦就是每一方都以對方為「敵」，試圖以自己的觀念強加於別人，爭取自己最後能夠獲勝。

無謂的爭論不適合個人與個人之間，而如果是用於團體之間，像辯論會，則又應另當別論。

比方說，由於最近出現的某個社會問題而引起兩者之間爭論，最後，雖然你用某種事實或理論來證明你的意見是正確的，你透過爭論的手段達到了勝利的目的，使對方啞口無言，但你卻萬萬不可忽略了這一點，對方不一定就會放棄他的思想來信奉你的主張。

因為，他在心裡所感覺到的，已經不是誰對與誰錯的問題，而是對你駁倒他而懷恨在心，原因是你使他的顏面掃地了。

這樣看來，你雖然得到了口舌的勝利，但和那位朋友的友情，卻有可能會從此一刀兩斷。比較之下，你會不會覺得，當初真的是有欠考慮，僅僅為了口舌的勝利，而得罪了一個朋友，如果那位朋友一旦為人小器，說不定他正在伺機報復呢！這就更讓人害怕。

有些人在和朋友翻臉之後，明知大錯已鑄成，也故作不後悔的樣子，還經常這樣認為：「這樣的朋友沒有也沒關係。」

其實，這樣對你又有什麼好處？而壞處卻很快可以看到，因為和別人結上怨仇，你就少了一位傾吐心事的人；這種現象我們應該盡一切可能去避免。

↗改變自己的正向智慧

一、雖然你用某種事實或理論來證明你的意見是正確的，甚至透過爭論的手段使他啞口無言，但你卻萬萬不可忽略了這一點，他不一定就放棄他的思想來信奉你的主張。因為，他在心裡所感覺到的，已經不是誰對與誰錯的問題，而是對你駁倒他懷恨在心，原因是你使他的顏面掃地了。

二、「說話」，是件很讓人苦惱的事情，所以古德常常教訓我們，叫我們「少說一句話，多念一句佛」。言語愈少愈好，非必要的言語，不說會更好。

三、對失去理智的人最好的回答就是沉默。因為，回答他的每一個詞都會反過來落到你頭上，以怨報怨等於火上澆油。

正向活法39

寬容是一種最優雅的復仇

多一點對別人的寬容，我們生命中就變得更廣大一點，當你勝利的時候，你應該表現出自己的大將風度，不應該計較剛才對方對你的態度。

當一場唇槍舌劍的爭辯到來之前，首先你必須冷靜地考慮一下，弄清楚以下幾個事項：

一、這次爭辯的意義。如果是一些根本就不相干的小事情，對大局沒有什麼影響，我們還是免於爭論為妙。

二、這次爭辯的慾望是基於理智還是感情上（虛榮心或表現慾等）？如果是後者，則不必爭論下去了。

三、對方對自己是否有深刻的成見？如果是的話，自己這樣做，豈不是雪上加霜？

四、自己在這次爭論當中，究竟可以得到什麼？究竟又可以向別人證明什麼？

一位心理學家曾經說過：「人們只在不關痛癢的舊事情上，才會無傷大雅地認錯。」這句話雖然不勝幽默，但卻是事實。由此也可以證明：願意承認錯誤的人是少的，而這也是人的本性。

一天晚上，一位老禪師在禪院裡散步，忽然發現牆角邊有一張椅子，他一看就知道院內有人違反寺規越牆出去了。

這位老禪師也不聲張，他走到牆邊，移開椅子，就地打坐著。一會兒，果然有一位小和尚翻牆，黑暗中踩著老禪師的背脊跳進了院子。

當他雙腳落地的時候，才發覺自己剛才踏的不是椅子，而是自己的師父。小和尚頓時驚惶失措，呆若木雞般地僵立在那裡，不知道說什麼才好。

出乎小和尚意料的是，老禪師並沒有厲聲責備他，只是以平靜的語調說：「夜深天涼，快去多穿一件衣服。」

老禪師寬容了他的弟子。他知道，小和尚一定會知錯改過，沒有必要再饒舌訓斥了。以後，老禪師也沒有再提起這件事情，可是禪院裡所有的弟子都知道了這件事，從此以後，再也沒有人在夜裡越牆出去閒逛的了。

這就是老禪師的肚量，他給犯過錯的弟子提供了反省的空間，從而使其幡然醒悟、自戒自律。從這個意義上來說，寬容也是一種無聲的教育。

正向密碼

在爭論中最容易犯的毛病，就是認為自己的觀點才是世界上最正確的

現在就讓我們姑且認為，眼前的這次爭論是一次積極爭論，也就是說，它值得我們去爭論。

但是在爭論的過程中，我們仍需時時把握住自己。因為，在爭論中最容易犯的毛病，就是常常認為自己的觀點才是世界上最正確的，只顧闡述自己的觀點，而忽略了要耐心誠意地去聽取別人的意見。

這就往往可以使善意的爭論變成有針對性的爭論。需要強調一下，這種現象是很危險的，也很常見。因為即使最善意的爭論，也是由於雙方的觀點有分歧引起的，所以，在一開始，雙方就是站在對立的立場上，對於對方的論點，根本就不加以分析，而一味地表述自己的看法。

如此一來，爭論過程中就難免有情緒激動，面紅耳赤，甚至去翻對方的陳年舊帳。所以，當雙方都各執己見、觀點不一致的時候，你應當控制情緒，把握自己，把不同的看法

先擱下來，等到雙方較冷靜時，再辨明真偽。也許，等到你們平靜的時候，說不定會相顧大笑雙方各自的失態呢。

而在當你勝利的時候，你也應該表現出自己的大將風度，不應該計較剛才對方對你的態度。爭辯是一回事，而交情又是一回事，切切不可混為一談。當他向你認錯的時候，也萬萬不該再逼下去，以免對方惱羞成怒。

爭辯結束後，你也應該顧及到對方的面子，可以給對方一杯咖啡或是一杯茶，或者要求他幫一點小忙，這樣往往可以令他恢復愉快的心理。

↗改變自己的正向智慧

一、人人都有痛苦，心中都有傷疤，隨隨便便去揭露，只會讓傷痕加大，讓舊痕新傷都難以癒合。

二、忘記昨日是非，忘記別人對自己的指責和謾罵，讓時間成為良好的「止痛劑」，去學會忘卻。這樣，生活才有陽光，才有歡樂。

三、記住該記住的，忘記該忘記的；改變能改變的，接受不能改變的。

正向活法40

只要心念堅定，就能有所成就

盲目的崇拜敬仰而不能體會所信仰的真義，是一件可悲的事。信仰，應當體現在用行動來實踐的教義上，而不必拘泥於表面形式。

許多人對佛學的道理瞭解很多，但在身體力行、做人做事方面卻與本意相違逆。比如說勸他人看淡生活中的是非，自己一旦面對問題時，卻又看不開了，這就變成了佛家常說的信心有逆。

要想做到信心不逆，人生就需要真正的信仰。學佛不能三心二意，而人生更是如此，只有真正擁有堅定的信仰，才能有所成就。

譬如有人非常乾渴，想喝水，到一個高地上挖坑求水，看到乾土，就知道離水源還很遠，但只要不停地挖下去，就會見到濕土，漸漸地又見到濕泥，也就是只要他以堅定的信

心繼續挖下去，就會知道自己已經離水不遠了。

菩薩也是這樣，如果沒有聽聞瞭解和修行《法華經》的教法，這人離無上正等正覺（成佛）還遠得很。如果能夠聽聞、瞭解、思唯、修習《法華經》的教法，他就離成佛不遠了。

我們看看世間有成就的人，仔細去觀察，他為什麼能成就信心。因為他的信心越堅定、信心越不動搖，越不受外界的影響，這個人成就越大，絕對與信心成正比例。

正向密碼

在信仰裡，人擺脫了黑暗和恐懼，活出真我

宋朝有一位趙子昂，他是畫馬專家。他當時準備要畫一〇八匹不同姿態的馬，畫了一〇七匹，剩下第一〇八匹四腳朝天的馬，畫不出來。

馬平常的姿態可以看出來，唯有四腳朝天姿態的馬，實在是不曾看過，所以他畫不出來，他就一直在想四腳朝天的馬，吃飯、說話、睡覺都在想，想得入神。

有一日他吃完午飯後，就到床上休息。躺在床上又繼續想四腳朝天的馬，用手腳一直在比畫四腳朝天的馬，是什麼樣子。比個不停，後來就睡著了。

後來他的夫人要進去休息的時候，床罩一掀開，看到四腳朝天的馬在那裡，嚇了一大跳，喊了一聲，要出來踢到門檻跌倒了，很大聲。

趙子昂聽到就醒來，看到他的夫人倒在門邊，趕快要扶他起來：「是怎樣，怎麼倒在這裡？」

夫人說：「你是從哪裡起來？我怎麼沒有看到你！」

「我就在床上睡覺，怎麼沒有看到？」

「沒有啊！你說在床上睡覺，我掀開床罩，是一匹馬四腳朝天躺在那裡，怎麼會有你？」

「哦！你在床上看到四腳朝天的馬！」趙子昂嚇得面容變色，流了一把冷汗。「嚇死人！我一直在想四腳朝天的馬，當下我就變成馬了！」

所以趙子昂說：「想馬變馬，那我現在不要畫馬了。我要畫佛像！想佛，以後我就可以成佛。」

以後他就專門畫佛像了。

在信仰裡，人擺脫了黑暗和恐懼。盲目的崇拜敬仰而不能體會所信仰的真義，是一件可悲的事。信仰，應當體現在用行動來實踐的教義上，而不必拘泥於表面形式。

做為一個修行佛法的人，第一，要有堅定的信心，始終保持積極的上進心，時刻保持

旺盛的進取精神，要對生活充滿信心，對自己的能力充滿信心；第二，要有堅忍不拔的品質。

有首歌是這樣唱的：「不經歷風雨，怎能見彩虹？」要有求真務實的態度，有自知之明，能正確認識和評價自己，不能好高騖遠、狂妄自大，時刻要意識自己在集體中所處的位置，要活在每一個當下，把每一個時刻都當做修行。

改變自己的正向智慧

一、要把失敗看作成功之母，把挫折看作是對自己的磨勵，始終充滿朝氣與活力。

二、保持昂揚的鬥志、樂觀向上的態度和前進的精神動力，要堅持不懈、持之以恆地朝既定目標努力奮鬥。

三、人生需要真正的信仰，信仰是人生路上的指路明燈，只有真正擁有堅定的信仰，才不致於迷路走失，才能克服人生一切困境。

正向活法41

世間最容易的事，常常也是最難做的事

世間最容易的事，常常也是最難做的事，最難的事也是最容易的事。說它容易，是因為只要願意做，人人都能做到；說它難，是因為真正能做到，並持之以恆的，終究只是極少數人。

人生要在最後看結論，要在艱難困苦或經歷許多之後才得到他的最終表現，平常人大多會被一時的表現遮蔽。人格堅定的人，即使大風浪來臨，人格還是挺立不動搖，不受物質環境影響，不因社會時代不同而變動。

簡單來說，人生的定論總要在經過一定事情之後，才能得出，而不由個人的稟賦決定。

弟子們問禪師：「老師，如何才能成功呢？」

禪師對弟子們說：「今天咱們只學一件最簡單也是最容易的事。每人把胳膊盡量往前甩，然後再盡量往後甩。」

說著，禪師示範了一遍，說道：「從今天開始，每天做三百次。大家能做到嗎？」

弟子們疑惑地問：「為什麼要做這樣的事？」

禪師說：「做完了這件事，一年之後你們就知道如何能成功了！」

弟子們想：「這麼簡單的事，有什麼做不到的？」

一個月之後，禪師問弟子們：「我讓你們做的事，有誰堅持做了？」大部分的人都驕傲地說道：「我做了！」禪師滿意地點點頭說：「好！」

又過了一個月，禪師又問：「現在有多少人堅持著？」結果只有一半的人說：「我做了！」

一年過後，禪師再次問大家：「請告訴我，最簡單的甩手運動，還有幾個人堅持著？」這時，只有一人驕傲地說：「老師，我做了！」

禪師把弟子們都叫到跟前，對他們說：「我曾經說過，做完這件事，你們就知道如何能成功了。現在我想要告訴你們，世間最容易的事常常也是最難做的事，最難的事也是最容易的事。說它容易，是因為只要願意做，人人都能做到；說它難，是因為真正能做到，並持之以恆的，終究只是極少數人。」

正向密碼

人生是一場漫長的馬拉松，贏在終點的人才是真正的贏家。

世上無難事，只怕有心人，持之以恆，便沒有爬不上的高峰，也沒有越不過的檻。

人活一輩子，遇到無數晴雨，不太可能時時保持順心，倘若心裡能裝著一個「慎」字，時時處處能「慎始慎終」，則必然能夠保持頭腦清醒、心明眼亮，「任憑東南西北風」，保持旺盛的生活熱忱。

如果勤奮精進地去做，那麼事情沒有難辦的。因此應當勤奮努力。譬如小水滴常流不斷，也能穿透石頭，如果修行人的心裡常常懈怠，譬如鑽木取火，木頭還沒鑽熱就停下來，雖想得到火，也是不可能的。

菩提心好發，恆常的精進心卻難維持，無論做什麼，若無恆心、精進、毅力，中途停止，一定不會收到實益。常聽到人說：「五分鐘熱度」，沒有恆常的精進，以五分鐘的熱度來做事，怎麼能夠成功？

想要精進持久，要有孔明先生「鞠躬盡瘁，死而後已」的精神，要有「只問耕耘，不問收穫」的決心。

否則，只求速成的心，或是希求近利的心，一不達目的就後退，一遇挫折就灰心。那些做事有頭無尾、有始無終的人，就是沒有百折不撓、堅持到底的精進精神。

當然，並不是所有的堅持都會取得勝利。比如，我們做一件事，雖然你盡了最大努力，沒有一絲鬆懈，但迎接你的卻仍是失敗。這時，請你不要懊悔。

因為，你儘管是失敗者，只要你努力去做好自己應做的事，只要你盡了自己的力量，那麼即使失敗，你也是強者。

改變自己的正向智慧

一、不論做什麼事，如不堅持到底，半途而廢，那麼再簡單的事也只能功虧一簣；相反，只要抱著鍥而不捨、持之以恆的精神，再難辦的事情也會迎刃而解。

二、持之以恆的人會在人生的過程努力，經過長時間的積蓄，厚積薄發，往往能笑到最後。

三、人的成長是一個漫長的較量過程，能否取得最後的勝利，不在於一時的快慢。如果你能夠在自己成長的道路上靜下心來，遇到困難不氣餒、不灰心，矢志不移地前進，那麼最終你必將獲得最後的勝利。

正向活法42

越堅定的意志，能得到越偉大的成就

「水滴石穿，繩鋸木斷。」小小的水滴經過長年累月尚可將石頭滴穿，細細的繩子來回重覆的鋸木頭都可以將木頭鋸斷，那麼我們還有什麼事情做不到呢？

說到「慎始」，簡單的理解就是一個人到一個新地方，做一項新工作，開創一個新事業，開始時，要慎之又慎。對事物的認識，都有一個由表及裏、由淺入深、由現象及本質的過程。

因此，在這個過程開始之時，要如履薄冰，謹慎行事，沒有足夠的深入紮根工夫，自己是沒有什麼發言權的。實踐證明，奮鬥中不能慎始，往往一招不慎，滿盤皆輸；工作中不能慎始，往往好高鶩遠，虎頭蛇尾；到一個新單位不能慎始，往往立足未穩，難以打開工作新局面。

君子慎始而無後憂，開好了這個頭，才能立足，才能打開局面，才能為以後的工作奠定良好的基礎。

說到「慎終」，意思就是有始就要有終，始和終都應如一。做人也好，做事也罷，一般說來「慎始」還是比較容易的，這個時期也不太容易犯錯誤。可是，時間長了，工作熟悉了，環境好了，人際關係融洽了，手裡有職有權了，不知不覺就放鬆了、懈怠了、麻木了，「露出廬山真面目」，這也離犯錯誤不遠了。

不能慎終，除了日久懈怠之外，還有對外界誘惑抵制不力使然。不能慎終，做事往往是虎頭蛇尾，功虧一簣；做人往往使平生功業毀於一旦，甚至晚節不保，聲名狼藉。有道是「編筐編簍，重在收口」，「收口」的工作其實就是慎終。

如何才能「收」好「口」呢，古人云「慎終如始，則無敗事」，持之以恆，不僅靠決心，更要靠意志和毅力。

正向密碼

堅持，能讓平凡變得不平凡

在佛經裡有一段寓言說，有一隻鸚鵡，見到一座山林失火焚燒，火勢非常猛烈，牠見了非常不忍，即刻飛到河邊用口銜水前來救火，像這樣「杯水車薪」的救火方法，當然無濟於事，但這只鸚鵡仍然精進不息地為救火而忙。

這時，天上的火神知道了，就對鸚鵡道：

「鸚鵡！火勢這麼大，你以口銜的這一點點水，怎麼能救火呢？這不是徒勞無功嗎？」

鸚鵡回答道：「救火是大家應盡的責任，明知我的力量很小，但我不能不盡心盡力而為！」

然而，鸚鵡這種見難不退的精進勇猛，竟感動了天神為牠熄滅山林的火災。

這個故事讓我們看出：成功的道路並不是一帆風順，但只要有信心、有熱情、有目標、能夠持之以恆地堅持努力，成功就會一步一步向我們走來。

記得有一部日本電視劇，其中有一個片段：描寫一位聾啞人在參加傷殘人運動會時，因為攙扶一位摔倒的老者，而落在了最後，但是他依舊頑強地跑完了全程。這時，場上的觀眾響起了熱烈的掌聲，那掌聲是對他頑強精神的鼓勵，雖然他聽不到，但臉上卻顯示出「勝利者」的喜悅。因為他畢竟憑著自己堅持到底的毅力，永不放棄地跑完全程。

蘇聯著名作家奧斯特洛夫斯基在半身癱瘓、雙目失明的情況下，寫出了不朽的著作《鋼鐵是怎樣鍊成的》；美國女作家海倫從小雙目失明，耳朵又聾，但是她憑著堅強的意

志，成了著名的文學家。

「水滴石穿，繩鋸木斷」。小小的水滴經過長年累月尚可將石頭滴穿，細細的繩子來回重覆的鋸木頭都可以將木頭鋸斷，那麼我們還有什麼事情做不到呢？

↗改變自己的正向智慧

一、萬事貴在堅持。一個人具備了堅強的意志、耐心和恆心，他就取得了成功的一半，那麼另一半成功在頑強努力下，也就不難獲得了。

二、一個人盡最大努力，獲得他能力範圍之內最大限度的成功，就是成功的人。俗話說：「世上無難事，只怕有心人。」世界上很難辦到的事情，只要人們用心去做，總是有可能成功的。

三、慎始慎終，雖說都貫穿著一個「慎」字，其實，從外到內不外乎言行兩個方面。只要言行有矩了，人就可以在這個世界上堂堂正正地立足、立身、立世、立名、立功……但如果無法慎始甚至慎終，則必然會導致後悔莫及的後果。

正向活法43

多求的結果是窮，喜捨的結果才是富

當驀然回首重新審視品味人生的時候，就會發現，人沒有滿足就沒有歡樂。只有「知足常樂」才會找到真正的幸福。

認真讀《老子》時就會弄明白，人本來是一種自然的東西，所有煩惱都是自己找的，擁有過多的慾望而迷失了自己，離真正意義上的人生越來越遠。

知足的實質是樂觀的態度，而不是滿足於現狀、不求進取的消極人生態度。然而，一般人對於這塵勞的世間，永遠沒有滿足的時候，金錢有了一百想一千，有了一千想一萬，名位做到縣長想當省長，當了省長又想做部長。

不知足的人，就如生活在永無滿足的慾望裡。

很多人就是在功名富貴永無滿足的慾望裡，苦苦惱惱地度過了寶貴的人生。

世間的禍患，人生的罪惡，都是由於心無厭足而來，人雖然明明知道「萬般帶不去，唯有業隨身」，但活一天，總要對這個世間貪求一天。

傳說中的佛子呂洞賓，由仙道皈依佛教，一天想要試試人間的眾生根機如何，是否可以度化？他化作一個老頭兒的樣子降臨凡間，在路上，正好遇到一個小孩子，他就上前問道：

「你希望得到什麼嗎？只要你把希望說出來，我都可以滿足你。」

這個小孩心想，世間最貴重的就是黃金，有了黃金什麼事都可以做，因此他就回答道：

「我希望有一塊黃金。」

呂洞賓當即用手向身旁的石頭一指，一塊大石頭忽然變成黃金，呂洞賓就說道：

「你把這塊黃金拿去，作為我們的見面禮吧！」

這個小孩子被呂洞賓點石成金的情形愣住了，但他思索了一會兒，就說道：

「我不要這塊黃金了。」

「為什麼不要呢？」呂洞賓也被弄得莫名其妙。

「我要你的手指！」小孩子說。

「你要我的手指有什麼用呢？」

「剛才你說要滿足我的希望，這塊黃金承蒙你給我，但一塊黃金有用完的時候，若是你把手指給我，當我要用錢的時候，就可以點石成金了。」

這個小孩子貪得無厭，不識好人心，讓呂洞賓著實失望，他也自嘆眾生難度了。

正向密碼

人心沒有厭足，非法的貪求就不會停止，貪慾越少，心境才會越寬

眾生的「心無厭足，唯得多求，增長罪惡」，這是不容否認的，貪慾越多，增罪越多。可是大家都沒有想到，「大廈千間，夜眠幾尺？積資巨萬，日食幾何？」在那些萬貫家財的後面，不知隱藏著多少的罪惡，名譽高位之中，不知潛伏著多少陷阱！

人心沒有厭足，非法的貪求就不會停止。本來，穿衣服只為了遮體取暖而已，但有錢人的衣衫，力求綾羅綢緞；吃飯只為了充飢而已，但有錢人的三餐，非要山珍海味；住處只要能遮風避雨就好，但有錢的人非要雕樑畫棟。

中國佛教史上的第一功臣，晉朝的道安法師，有一天，一位護法居士郤超派人送了一千斛白米給他做為寺中的齋糧，但寺中沒有這麼大的米倉，好不容易，道安法師騰出三間樓房，才把這一千斛白米裝進去。於是，道安法師回覆了郤超居士一封信，信裡說：

「承蒙你送給我們一千斛白米，但卻增添了我們很多收藏的麻煩！」

一般人總是嫌東西少，而道安法師卻嫌東西多，這是聖者的胸襟，這是菩薩對世間的態度！

一個人因為不知足，使心耽著外境，因此，財富當前，生命就在財富手裡；美色當前，生命就在美色手裡；多求的人，自己是什麼也保不住的。

↗改變自己的正向智慧

一、人生的罪惡，都是由於心無厭足而來，人雖然明明知道「萬般帶不去，唯有業隨身」，但活一天，總要對這個世間貪求一天。

二、以有限的物質，要想滿足心無厭足的慾望，這怎麼能夠？因此就不得不做非法的多求了。非法多求，不擇手段，損人利己，實是增長彌天的罪惡。

三、因為心無厭足，所以一直在慾望的生活裡打轉，但如果對正在修道的菩薩來講，他們就會「常念知足，安貧守道，唯慧是業」了。

正向活法44

覺悟的人永遠是知足常樂的

覺悟的人，並不是不要錢，而是覺悟的人善於用錢。錢財保存得再多，並不屬於自己，把錢財用於有用之處，才是屬於自己的。

過去有一個騎著騾子外出的人行走在旅途上時，見到前面一個騎馬的人，心裡非常羨慕，貪慾之心油然而生，但當他回頭一看，有一個人正汗如雨下地推著車，他仔細一想，不覺心平氣和了。他說：

「別人騎馬我騎騾，看看眼前我不如；回頭一看推車漢，比上不足下有餘。」

從這裡可以看出來，我們若是把富於我者、貴於我者拿來作為比較的對象，自然會心懷不平，生起不知足的意念；若是能把貧於我者、賤於我者拿來和自己對比，自然會心平氣和，如此就不會造業。

覺悟的菩薩，並不是不要錢，而是覺悟的菩薩善於用錢。錢財保存得再多，並不屬於自己，把錢財用於有用之處，才是屬於自己的。

所以覺悟的人處理財富的方法：十分之二用於救濟為善，佈施供養；十分之二用於自己生活日用所需；十分之二儲蓄，留做老病旅行必要之用；另餘十分之四留做經營，將本求利。

在佛法裡說我們的財富最終為以下五家共有：（一）貪官污吏可以假借權勢，敲你竹槓；（二）水火無情，可使你的財富毀於一旦；（三）土匪盜賊，可強迫你獻其所有；（四）戰爭年頭，刀兵烽煙，使你反為財累；（五）財產再多，不肖的子孫，吃喝嫖賭，可以傾家蕩產。

戰國時代的顏斶，齊宣王要拜他做老師，並且對他說：「只要顏先生收我為弟子，每天和我生活在一起，飯食有牛羊豬肉，出外可以坐車，並賞給你妻妾子女美麗的衣服。」

顏斶輕輕回答道：「謝謝您的好意，我是不願當王者之師的，我願意吃飯時慢慢咀嚼，等於吃肉一樣；走路時慢慢地前行，等於坐車一樣；安分守己，不去犯罪，當做尊貴；清淨自守，凡事以理去做，當做快樂。」

金錢本身無善惡，端看使用它的人，用在何處。

修學菩薩道的人，能安於貧窮，清淨守道，把求智能、求解脫當做事業。像惠能大師做舂米的工人數月如一日，像百丈禪師的一日不作、一日不食……像這種安貧守道的精神，才是真正懂得人生，把握人生！

有一次佛陀和阿難行走在路上，見到路旁有一堆不知是誰遺失的金銀，佛陀就指著金銀對阿難說道：

「阿難！你看到了嗎？毒蛇！」

「佛陀！我看到了毒蛇！」阿難回答。

佛陀和阿難走過了以後，在田裡工作的父子二人，就很奇怪地來看看是什麼毒蛇，哪知不是毒蛇，是一堆金銀，父子二人很歡喜，暗笑佛陀和阿難是見財不要的無知，因此他們就把金銀運回家中，總以為自己發財了。

不久，國王知道國庫裡的金銀遭人竊取，就下令搜查，於是在這父子家中搜出一堆金銀，這是無法抵賴的罪證，因此父子兩人被判成死罪關入牢中。

父子二人想想真是冤枉，到這時他們才想起佛陀和阿難的話一點也不錯，父親就對兒子說道：「阿難！你看到了嗎？毒蛇！」

「佛陀！我看到了毒蛇！」兒子回答。

獄官一聽，覺得這父子倆一問一答很是奇怪，再詳細審問，知道他們被冤枉了。收藏金銀害了他們，記起佛陀和阿難安貧守道的問答，又救了他們。由此可見，非分之財不可取，安貧守道才是人生真正安穩的生活！

金銀是毒蛇，但人生又不能沒有錢，所以金銀也是學道的資糧，只是看你如何處理。如能把金錢用於造福大眾的事業上，把金錢用在修學上，則金銀不是毒蛇而是淨財了。

↗改變自己的正向智慧

一、能夠覺悟知足的人就會知道，財富、寶藏不一定屬於自己，享受不一定屬於自己，把財富施諸悲敬，用於應用之處才是真正屬於自己。

二、修學佛法的菩薩，並不一定非要過窮苦的生活才算清高，若是心裡的貪慾不除，只是外表裝做苦行的樣子，也是不足取法的。

三、在佛教裡，也不是教我們有錢不要，正當的財富，用於正當之處，是越多越好。如果是不正當的錢財，雖一分一毫也不可取。

第五輯　「煩惱」是一種最差的禮物，但有時候大家卻都搶著要

沒有錢是一種煩惱，錢太多也是一種煩惱，只有懂得把金錢善加利用，多布施、多做功德，那麼無論有沒有錢都不會再有煩惱。

正向活法45

不要說不該說的話，人生就清淨無瑕

人必須遠離妄語，怎樣說就怎樣做，不欺騙他人，先思後行。根據自己的所見所聞，如實述說，寧可捨棄生命，也不妄語。

佛法云：口業有四。口是指言語，有四種善法。

第一，不妄語：妄語是存心欺騙人，也就是不誠實。

第二，不兩舌：兩舌是挑撥是非。在甲面前說：「乙說你的不是。」在乙面前說：「甲說你不是。」這是搬弄雙方，挑撥是非，無論是有意無意都犯兩舌。我們這個社會，有很多人在挑撥是非，所以有的時候傳話，愈傳愈訛，把意思傳達錯誤了。本來人家沒有這個意思，他在傳話中，任意添加增減語句，就把人家的原意全都弄顛倒了。小者使兩個人失和，大者使兩國交戰，這種過失很重，絕不能夠疏忽。

第三，惡口：惡口就是說話沒有分寸、沒有禮貌、很粗魯，使人聽了之後很難受。

第四，綺語：綺語是花言巧語，說得非常好聽，可是用意不善。像現在社會上許多電影、歌舞、音樂，聽起來很好聽，看起來也不惡，想想這些在教人什麼？都是教人造殺、盜、淫、妄，凡是這一類的都是屬於綺語。

宋朝的司馬池對子女的家教很嚴，他有三個兒子，司馬光最小，但他並不溺愛，從小就注意從多方面進行嚴格的教育，使他從小就養成了誠實、節儉和刻苦學習的良好習慣。有一次，司馬光想吃青胡桃，姐姐給他剝皮，沒有剝開，就走開了。一個心靈手巧的女僕先用開水燙了一會兒，就剝開了。後來姐姐走來，問他是誰剝開的，司馬光謊稱是自己剝開的。

這話被父親聽到了，便嚴厲地訓斥他說：「小子何得謾語！」此後，他再也不說假話了。這時他只有五歲。許多年後，司馬光做了官，有人問他待人律己以何為重？他答的是一個「誠」字，再問他從何做起，他說：從不說假話做起。

由於他以誠為一生處事的信條，後來的朱熹說他是「腳踏實地之人」。

正向密碼

如果能做到的，說出來還可以，

如果根本做不到的，千萬不要說空話。

言行一致，表裡如一，仁愛誠信，在封建統治者那裡，只是嘴上說說而已；而在一般老百姓那裡，倒是經常可見可察，可以體會得到的。

「言必信，行必果」這是古訓，也是今天作為一個公民應遵循的道德與準則。

一個人儘管在嘴上說得天花亂墜，在人前吹噓得不可一世，但終究要面對真實而不經包裝的自己。

人必須遠離妄語，怎樣說就怎樣做，不欺騙他人，先思後行。根據自己的所見所聞，如實述說，寧可捨棄生命，也不妄語。

一個自覺能力強的人，很容易就能察覺到自己話語中的「誇大」成分，而予適當的調整。反之，一個自省能力差的人，卻往往沉醉在自己編織的虛幻中，而與現實、與真實的自我脫節！

他並非存心欺騙，而只是看不清楚自己，更不能正確地認識外境！

誠實守信是做人的基本準則，也是社會的內在要求。信用，既需要法律制度來監管，更需要道德與良心來維護。

《法句經．教學品》裡還講道：「能行說之可，不能勿空語。虛偽無誠信，智者所屏棄。」這句經文就是說，如果能做到的，說出來還可以，如果根本做不到的，千萬不要說空話。要知道虛偽不講信用，正是聰明人所鄙棄的啊！

改變自己的正向智慧

一、言行一致，是為人處事的基本道德要求。對於各級主管官員而言，言行一致不僅是做人的基本準則，也是為「官」從政的基本準則，「聽其言，觀其行」。

二、一個自覺能力強的人，很容易就能察覺到自己話語中的「誇大」成分，而予適當的調整。

三、要塑造「新形象」，關鍵是做好修為的工作，一方面，要從自身做起，自覺樹立良好的道德形象，按照「求新思變，開明開放，誠實守信，善謀實幹」的要求落實到行動上。另一方面，要立足本職，以誠實守信為重點。

正向活法46

有誠信的因，必得成功的果

古人云：「人無信不立」，「言而無信，不知其可。」在人的一生中，我們會得到許多，也會失去許多，但信用卻始終陪伴我們。

有個書生崔樞進京應試，路上遇見一個商人，兩人就結伴而行。在汴州客棧中，那商人突然身患重病，崔樞便在客棧中一直照顧他。但商人的病卻越來越重，臨去世前，為了表示感激，他對崔樞說：「這些天承蒙你照顧，我死之後，煩你將我安葬。我這裡有一顆罕見的寶珠，就送給你作為報答。」

商人去世了，崔樞想：治病助人是應該的，我怎能貪圖別人的寶物……崔樞為商人辦理了後事，就進京應試去了。

一年後，商人的妻子尋夫到汴州，打聽到丈夫在客棧中病死，是由一個叫崔樞的人辦

理的後事。為了那顆價值連城的寶珠，商人的妻子將崔樞告到官府。官府派人抓來崔樞審問，崔樞說：「我沒拿走那顆寶珠，而是埋在商人的棺材中陪葬了。」

眾人打開棺木一看，寶珠果然在裡面。大家都紛紛讚揚崔樞是個重義輕財、誠實守信的人。

香港實業家李嘉誠在創業初期，資金極為有限，一次，一個外商希望給他大量訂貨，但他必須提出相對有信譽的廠商來替自己作擔保。李嘉誠努力跑了好幾天，仍一無著落，但他並沒有捏造事實，或是含糊其詞，而是一切據實以告。

那位外商被他的誠信所深深感動，對他十分信賴，說：「從閣下言談之中看出，你是一位誠實的君子。不必其他廠商作保了，現在我們就簽約吧。」

雖然這是個好機會，但李嘉誠感動之餘還是說：「先生，蒙你如此信任，我不勝榮幸，但我還是不能和你簽約，因為我資金真的有限。」

外商聽了，更加佩服他的為人，不但與之簽約，還預付了貨款。這筆生意使李嘉誠賺了一筆可觀的錢財，為以後的發展奠定了基礎。

由此，李嘉誠也悟出了「坦誠第一，以誠待人」的原則，並以此獲得了巨大的成功。

以虛偽、不誠實的方式為人處世，也許能獲得暫時的「成功」

但從長遠看，終究是個失敗者。

近年來，誠信卻日漸成為當今社會一種正在淪喪的道德。今日，隨著經濟穩步發展，物質文明與精神文明建設都取得了巨大的進展。但是，由於拜金主義的流行，人們文明素養的參差不齊，也導致了社會上誠信危機的出現，譬如許多行業充斥著不講信用的事情，曾經出現毒油、毒麵包、黑心火鍋、黑心蛋塔等等，至於賣假藥、做假帳等魚目混珠、弄虛作假的行為更是屢見不鮮，給善良的人們心中留下了陰影，誠信正在一部分人中間喪失。

如果我們走入了背離誠信的沼澤，那將是怎樣一種情形呢？看似平坦的草地，可能就是泥潭；看似堅實的大道，可能就有陷阱；看似美麗的鮮花，可能佈滿毒刺，這就是失去誠信的世界。

以虛偽、不誠實的方式為人處世，也許能獲得暫時的「成功」，但從長遠看，他最終是個失敗者。

古人早說過，「知之為知之，不知為不知，是知也。」試想，如果在學生時代我們就隨意糟蹋自己的信用，那麼試問用虛假的成績要怎麼參加明日的就業競爭？

每個人都不誠實，便無法處於同一起跑線，競爭也不再公平。透過做假而得到機會，必定是以犧牲其他人為代價的。

所以，在文明社會中，守信是一個有責任心的人一條重要的行為準則！

↗改變自己的正向智慧

一、在沒有誠信的世界裡，人們互相傷害，沒有人擁有安全感。誠信是市場經濟的基石，市場經濟本身就是信用經濟，在文明的社會裡，一個人在社會上的立足與發展離不開誠信，誠信是全社會的需求。

二、如果我們走入了背離誠信的沼澤，那將是怎樣一種情形呢？看似平坦的草地，可能就是泥潭；看似堅實的大道，可能就有陷阱；看似美麗的鮮花，可能佈滿毒刺，這就是失去誠信的世界。

三、「信」是「言」與「行」之間的高品質的因果關係，是在無不可抗力干擾的條件下，履行承諾的責任能力；「信」就是言行一致、知行合一。

正向活法47

放下執著，就是放過自己

放棄執著，不是你對現實的投降，而是你將你的境界調整到一種更高的層次。

菩薩對於所作的福德，不應該貪戀執著，因為福德也是虛假不真實的，所以說菩薩不接受福德。

因為，我們不知道世間是無常的，而引發對世間錯誤的認識，把世間的一切執為實有，貪戀、執著，但誰又能戰勝無常呢？

心如果執著會產生極大的力量，下面的故事就是個例證：過去有個土財主出國旅行，到法國買了一只珍貴的盤子。回到家中忍不住想向朋友炫耀這項珍品，於是，利用假日邀集三五好友聚餐，設宴款待。席間特地用此盤子，端出一道佳膳美餚。朋友見狀，個個讚不絕口，嘆為稀有。

正當主人陶醉於讚美聲中，有一名遲到的客人匆匆趕到會場。一看到餐桌上早已杯盤狼藉，主客正是酒酣耳熱。待他仔細一瞧那只盤子，不禁失聲大叫。

所有人立刻圍攏過來，追問之下，這名客人吞吞吐吐地說：「那只盤子，是法國貴族用來小便的夜壺。」話一講完，在場的人都嘔吐不止。

其實，那只盤子一定是洗得乾乾淨淨，只是一沾上「夜壺」這個名詞，搞得所有的人吐得七葷八素，足見人心執著的力量有多大。

幾乎所有的人都認為「執著」二字，對人生來說是十分重要的。在悠悠的歷史長河裡，無數的賢人哲士都是這樣教導我們的：人生路上不設定目標不行，目標選定後沒有勇氣不行，光有勇氣沒有千斤壓頂不彎腰的執著精神不行。世間萬事唯有執著地追求，才能使目標實現。

由於我們長期受此教育，所以，執著二字在人們的心中是根深蒂固的。

但這樣的觀念，並不一定是正確的。

正向密碼

放棄執著你就能夠解脫，放棄自尊你就能夠超脫。

有一故事叫作「猴子撈月亮」。有一隻小猴到井臺上玩，發現水井裡有一個月亮。於是牠跑回去告訴猴王說：「不得了了，天上的月亮掉到水井裡去了。」

猴王一聽，急忙帶領眾猴去井上撈月亮。牠們一隻捉住另一隻的尾巴變成一條猴子組成的長繩下到井下，拼命想撈起月亮。

當然，不管牠們怎麼撈都無法將那月亮打撈上來，直到在井上的猴王無法堅持了，最終不得不鬆手，但猴王還是很執著，即使牠的猴子猴孫們掉進了水井裡，也不放棄打撈月亮的決心。

讓自己不管處於什麼樣的困境，遇到什麼樣的煩惱，碰上什麼樣的悲傷，都能以放棄執著的心態，將這些困境、煩惱、悲傷都不放在心上，將自己的心態處於一種少煩惱的狀態。

因為，放棄了執著，就沒有了為我的動機，沒有了為我的動機，就不會存在為它的動機，無我無它就是一種超越自我和超越現實的境界。當然這不是一件容易的事。但在無奈

和殘酷的現實面前，你不懂得放棄也許就意味著毀滅。

彌勒佛，在眾多佛中可謂是人見人愛的。

世人喜歡他那笑容可掬的外表。但，人們更喜歡的是他那「開口常笑，笑天下可笑之人，大肚能容，容世間難容之事」的內在修為。

由於他能笑口常開、大肚能容、萬事萬物他沒有偏袒，也不必執求。

他在笑哈哈中總結出了：「憂生於執著，懼生於執著；凡無執著心，亦無所憂懼。放棄執著，你就能夠解脫，放棄自尊你就能夠超脫」。

換言之，心靈的超越就能讓我們放下執著，就能讓我們擺脫身心的桎梏。

↗改變自己的正向智慧

一、執著帶給人束縛，使我們不得自在；就好像犯人被上手銬、腳鐐，行動無法自由。

二、人生路上不設定目標不行，目標選定後沒有勇氣不行，光有勇氣沒有千斤壓頂不彎腰的執著精神不行。

三、心靈沒有辦法超越，正是因為六根面對六塵（感官的世界）產生了執著，而讓我們產生極大的煩惱。事實上，人都是被名相所轉；人對種種名相加以執著，束縛自己。心靈的超越就能讓我們放下執著，擺脫身心的桎梏。

正向活法48

機會就在我們身邊，必須時時做好準備

我們的命運永遠只掌握在自己手中，機會就在我們身邊，只要我們有所準備，隨時就會獲得。

玄奘大師西行取經，路經八百里流沙，途中失水，幾乎死在沙漠之中，但他寧願向西天一步死，也不願往東土一步生，若非宗教的熱情、為教的精進，何能至此？慧可大師參拜達摩祖師，立雪斷臂，不退初心，若非有精進求法之心，何能至此？

不少人步入中年後，由於工作忙、子女家務拖累，對外面的事情就不那麼關注、敏感了。除了茶餘飯後手握遙控器在電視機前坐坐外，廣播懶得聽、報紙懶得翻，更不用說學習和思考，這種精神上的怠惰往往使他們變得孤陋寡聞、觀念落後，知識日益貧乏，思維日漸遲鈍，長此下去難免導致智慧早衰，並累及心理健康。

據調查，在一些大中城市的心理疾病門診中，有相當一部分是情緒萎靡、不思進取的中年患者。中年是人生的轉捩點，前面尚有一段奮鬥人生旅程，後面則準備收穫奮鬥的成果。中年也是一生中結算出成果的最佳年齡，囿於現狀，懶得去充實、發展自己，實在有負日上中天的大好時光。

有人擔心，人到中年生活中方方面面壓力已經夠大了，再把許多時間、精力放在讀書學習上，對身體健康沒有好處。其實這種擔心是沒有道理的，現代醫學研究表明，情況恰恰相反；對現實有敏銳的感覺，對外界事物有足夠興趣，廣納新知、積極思維，能夠促使大腦產生更多的神經碘，既可激發機體內免疫細胞的活力，又有利於改善機體各組織器官的生理循環代謝的水準，延緩這些組織器官的衰老。

所以，往往越是勤奮用腦、學習無悔的人，其全身的健康狀況越好。

正向密碼

我們總是期待最好的瞬間，卻忘了每一個當下就是最好的瞬間

謹記孔子說過的一句話「心之官則思」，多一分進取心和求知慾，糾正懈怠、消極的心理定勢，別讓自己經常處於「動機欠缺狀態」。

平時不妨親近各種媒體，讓自己增廣見聞，寫寫日記，更多地去接觸一些中外名著和科學文化新知識，養成書道硯耕的好習慣，盡可能地給自己創造一個富於腦力刺激的環境，藉以重新塑造形象，以免鑄成日後內疚和遺憾。

人生如歌，行進在人生的路上，儘管會有許多的不如意，儘管我們在這一路上會遇到許多的波折，但只要能時刻保持一顆堅定不屈的心和樂觀豁達的人生態度，就會發現在那厚厚雲層後面太陽依然奕奕生輝。

看天空中雲捲雲舒，人生莫不如此，無論順境逆境，我們都不該輕慢自己的人生。面對每天的朝陽，調整好我們紛亂的思緒，笑對人生的一切困擾。

人生如棋，我們每日都在勤奮不輟，孜孜以求，以獲得人生的最大滿足，不敢有絲毫懈怠，因為，我們的生命在這漫長的人生途中一如白駒過隙，一旦有所懈怠也許就將讓我們抱憾終生。

我們的命運永遠只掌握在自己手中，機會就在我們身邊，只要平時我們有所準備，隨時就會獲得。

在人生這局棋中，我們必須時刻準備，不斷審時度勢，把握時機，要靜如處子，動若脫兔。

改變自己的正向智慧

一、用我們的力量和行動為人生做一個最好的註腳，讓人生不會因為怯懦和懈怠而留下遺憾。

二、人生之路漫長而又充滿坎坷，我們隨時隨地都會遭遇到意想不到的困境，但氣餒絕不是我們的所需，此刻的我們更需要以勇氣和智慧來不斷化解、排除、戰勝自己所遇到的一切困難甚至危險。

三、我們每日都在勤奮不輟，孜孜以求，不敢有絲毫懈怠，以獲得人生的最大滿足。因為一旦有所懈怠，也許就將讓我們抱憾終生。

正向活法49

我們之所以會感到痛苦，就是優越感太過於強烈

驕傲是一座巨大的陷阱，最可怕的是，這個陷阱是我們自己親手挖掘的。

有一組團去參訪廣欽老和尚。在進去之前，有一位信徒一心想要和廣欽老和尚「辯」。一進門，尚未開口，廣欽老和尚就對他說：「你先聽我說，你想說什麼我都知道，辯論不好！」

這位同學一聽，嚇得不敢出聲，他心想：「我在想什麼，廣欽老和尚怎麼會知道呢？」

老和尚接著說：「辯論是不能解決事情的，要實實在在地修行。」

這位同學馬上跪下去，向老和尚頂禮，請求老和尚開示。

老和尚說：「你的傲慢、自大、自高，是你所有煩惱的開始。」

這位同學就問老和尚：「要怎樣才能得到快樂呢？」

老和尚慈悲地說：「這個很簡單。你要發願，把自己當做世界上最沒有用的人，就像地下的泥土，任何人在它身上大、小便，吐痰，都沒關係，因為它是在最底層。別人毀謗自己，就當做消業障，只要這麼想，就沒有什麼煩惱了。」

由此看來，我們今天之所以會感到痛苦，就是優越感太過於強烈，也就是我們都覺得自己很有才幹，別人勸諫的話，一句也聽不進去。

有位勇者發誓要排除萬難攀登一座高峰。在眾人期待的目光中，他出發了。然而，他卻沒能不負眾望實現理想，因他中途放棄了。出人意料的是，使他放棄的原因只是鞋中的一粒沙。

在長途跋涉中，惡劣的氣候沒有使他退縮，陡峭的山勢沒能阻礙他前行，但不知何時他的鞋裡落入一粒沙，他原本有時間和機會把那粒沙從鞋裡倒出來的，可是在他的眼中，這粒沙子實在是太微不足道了。

的確，比起勇士所遇到的其他的困難來講，那粒沙的存在簡直可以忽略不計。然而，越走下去那粒沙越是磨腳，終於每走一步都伴隨著錐心刺骨的疼痛，他終於意識到這粒沙的危害，他停下腳步，準備清除沙粒，但是卻驚訝地發現，腳已經被磨出了血泡，沙被清除出去了，可是傷口卻因感染而化膿。

最後，除了放棄，他別無選擇，眼睜睜地讓一粒沙成為自己成功的阻礙。

正向密碼

自大是狂妄無知的表現

巴爾扎克說過：「自滿、自高自大和輕信，是人生的三大暗礁。」

莊子有一則比喻傲慢的典故：「螳臂擋車」，他說螳螂發起脾氣來，舉起兩隻細長的手臂，想把車子擋住，不讓車子過，結果可想而知。

莊子這句話是比喻人「自不量力」，超過自己能力、智慧的範圍的事是做不得的，螳螂當時怎麼會有那麼大的勇氣，想用兩隻手臂去擋車呢？以佛語來講就是因為「我慢」。

《莊子》中還講了這樣一個故事：秋天的雨水使河水全部上漲，眾多大川、小溪的水都流入黃河，水流洶湧而寬闊，兩岸與河中沙洲之間連牛馬都分辨不清。於是，河神洋洋自得，認為自己就是天下最大的了。

他順著水流向東而去，一直來到北海邊。向東望去，卻看不到水的邊際。河神這才改變自己先前得意洋洋的臉色，望著汪洋大海對北海神感嘆說：「原來我自高自大，以為誰都不如自己，今天我看到您這樣博大，無邊無際，要不是我親自來到您的門前，我將永遠不會懂得自己的淺薄無知。」

北海神謙虛地說：「其實，我存在於天地間，就好像大山上的小石頭而已。而天與地並不能說是最大的領域，毫毛之末也不能斷定是最小的限度。時空的變換根本沒有窮盡，你我又有什麼可誇耀的呢？」

世事世人何嘗不是如此！

↗改變自己的正向智慧

一、自己懂了一點東西，就自高自大驕傲於人，這就好像盲人手執燈燭，照亮了別人，自己卻看不到光明。

二、你要發願，把自己當做世界上最沒有用的人，就像地下的泥土，任何人在它身上大、小便，吐痰，都沒關係，因為它是在最底層。別人毀謗我，就當做消業障，只要這麼想，就沒有什麼煩惱了。

三、在學習或工作上都不能有驕傲的想法。在學習時如果學會了一些技巧或知識，千萬不能一時滿足而感到自滿，因為如果有自滿、自大和輕信，不僅會失去工作，還會失去朋友。

正向活法50

忍辱不是屈服，而是犧牲小我成就大我

忍辱不是一種無能，真正具有忍辱修養的人，從他的身上會爆發出一種非常強大的人格力量。

曾有僧人問佛：「什麼樣的人有大勢力？」

佛說：「能夠忍辱的人有大勢力，因為他不懷惡心，而且安然健康。能夠忍辱的人沒有惡念，一定被人尊敬。」

一個人如果沒有忍辱的修養，他會使得自己和別人都處在一種不安的狀態之中，為什麼這麼說呢？我們知道，一個人如果缺乏忍辱，他的嗔恨心很重。當他的嗔恨心來的時候，就把自己燒得坐立不安了，此時此刻說出來的話或做出來的事情，都會傷害到別人。

所以社會上流行著這樣一句話，「大丈夫可殺不可辱」。因為有了這個觀念，所以兩

個人一旦在街上吵起來，吵著吵著，吵到後來彼此之間就大動干戈。

這都是缺乏忍辱的修養。反過來說，真正具有忍辱修養的人，從他的身上會爆發出一種非常強大的人格力量。也就是說，一個人如果沒有很高的修養，他是很難做到忍辱的。

而一個真正要想在事業上能夠有大成就的人，他就應該具備忍辱的涵養。如果沒有忍辱的涵養，他只能是匹夫之勇，不足以成就大事，這在古今中外的歷史上有很多例證。

佛教裡也很講究忍辱，天王殿裡的彌勒菩薩就有很好的忍辱涵養。他做的一首偈子，翻成白話是說：有人要打我，我就先倒在地上呼呼大睡，免得對方要把我打倒在地上，有人要吐我口水，就讓它自然乾了，連擦都不要擦，省得麻煩。彌勒佛就是有這麼高的涵養。

唐朝詩人杜牧在《題烏江亭》中說：「勝敗兵家事不期，包羞忍辱是男兒；江東子弟多才俊，捲土重來未可知。」

一個人的忍辱修養非常重要！我們生活的這個世界，稱為娑婆世界，意思就是堪忍的世界。也就是說一個人要有忍辱的涵養，才能在這個世界上生活得好，要是沒有忍辱的修養，就會生活得很難過。

正向密碼

等你能做到隨心所欲而不逾矩時，才算你忍辱的功夫到家

在念佛打坐時，瞌睡來了，腿酸了，這個時候怎麼辦呢？哎呀，睡覺吧，今天辛苦了，明天再說吧，但如果這樣想就不會再堅持修行了。

由於，佛法跟我們固有的觀念不一樣，佛法的修行跟我們原有的習氣是相衝突的，因此，我們對佛法的接受也需要有忍耐的修養。

譬如，我們喜歡吃好吃的東西，喜歡穿高級的衣服，我們有種種慾望，這些慾望都希望得到滿足，但佛法告訴我們，「此應做，此不應做」。哪些慾望是合理的，哪些慾望是不合理的。

當受到嘉獎時，要做到忍，此時絕對不能有絲毫的驕傲思想，你只是暫時比你周圍的人做得好，並不能保證你永遠做得好，更不能保證你比所有的人做得好，以及不能代表你已經掌握了所有的知識。

所以說要想進步，任何時間、任何地方、任何事情都能激勵自己前進，在忍辱的過

程中，你的思想覺悟會提高，你發現自己的智慧在增長，雖然一時忍辱，但自己卻終受大益。

所以，忍辱對人的修養十分重要！忍辱可化干戈為玉帛，忍辱能培養你的高尚品德，忍辱能成就你自己，忍辱未來的事業才會成功，忍辱才能負重任，自己是真正受益者。等你能做到隨心所欲而不逾矩時，才算你忍辱的功夫到家，此時已談不上忍辱，因為你已經明瞭事物的本質，這樣做都是應該的、自然的。

↗改變自己的正向智慧

一、忍辱不能單從字面上理解，它包含的內容非常廣大，凡是不正確的事情自己想做時，能做到克制自己不做，或者正確的事情自己不想做時，而勇敢去做，都叫忍辱，也就是要做到止錯為正。

二、當受到嘉獎時，要做到忍，此時絕對不能有絲毫的驕傲思想，你只是暫時比你周圍的人做得好，並不能保證你永遠做得好，更不能保證你比所有的人做得好，以及不能代表你已經掌握了所有的知識。

三、應該謙虛謹慎，找出不足，把嘉獎做為前進的動力，以及做為向上攀登的臺階，使自己更加進步。

正向活法51

去除心靈塵垢，才能向著陽光前進

善的念頭一旦念念相續，惡的念頭自然也就熄滅了、降伏了，一旦把這些不善的念頭清除之後，善法就能圓滿了。

僧人問佛：什麼樣的人最聰明？

佛說：心中塵垢滅盡，清淨沒有瑕疵污穢，這樣的人最聰明。從沒有天地時開始，直到現在，十方世界中的一切，沒有未見過的，沒有不知道的，沒有沒聽說過的。得到了無所不知的認識（一切智），這樣就可稱得上是聰明的了。

聰明人就是「不容毫分，不善間雜」。要在「令諸善法，念念增長」的過程中，不允許有分毫不善的念頭摻雜進去。

那麼我們可以觀察一下自己的念頭，比如用一個小時的時間，看看自己到底會出現哪

些念頭？有多少與貪、嗔、癡等煩惱相應，有多少與戒、定、慧、慈、悲、喜、捨等善法相應。

如果能經常觀察自己的念頭，透過這樣長期的修行和訓練之後，每一個念頭就都能夠與佛法相應了，修習的善念，念念增長、念念相續，那麼困擾我們的那些不善的念頭，就沒有機會活動了，自然會達到「不容毫分，不善間雜」的效果。

透過這樣的修行，久而久之，就能「令諸惡永斷，善法圓滿」。因為，一旦把這些不善的念頭清除之後，善法就能圓滿了。

正向密碼

一個念頭就是一個波浪，播種的是什麼，收穫的也將是什麼。

從前有個人，他一心想到南海普陀山去朝拜觀世音菩薩。可是天下就有這麼巧的事情，就在他正要去朝拜南海普陀山那一天，剛上了船，家裡的鄰居便著了火。他的家人就跑來向他報告說：「不好了！你趕快回去呀！不要去朝普陀山啦，我們的鄰居著了火，你要回來照顧啊！」

這人說：「我為了想去朝拜觀音，已吃了三年齋，現在我也上了船。家裡著火，我若是下船，它應該燒也一樣燒了。若不應該燒的話，觀音菩薩會保護著我，我就是不下去，它也一樣不燒的。我有這種誠心，寧可自己家裡被火燒了，我也要去拜觀音菩薩！」

於是乎他家裡著火也不管了，就決定一心去拜觀音菩薩。他到南海普陀山朝拜觀世音菩薩回來之後，一看左右鄰里、前後所有的房屋，都被火燒光，唯獨自己這間樓房，卻沒有燒。

所以，朋友就問他：「怎麼你的鄰居房子都燒了，而你的房子卻不著火呢？」他說：「我就因這次以最誠心去拜觀音菩薩。我去的時候，什麼也不管，它要燒就讓它燒，我把什麼都放下了。這是觀音菩薩的保佑。因為觀世音菩薩的力量，所以我這房子才沒有著火。」

這是「設入大火，火不能燒」的實證。

試看，我們所能察覺的妄想已是多得不知其數，所察覺不到的更不知有多少？有數不過來那麼多！在《楞嚴經》上說：在一念中就有九十個剎那。剎那，是一段非常短的時間，而一剎那之中就有九百個生滅，所以「界無邊塵繞繞」。

凡夫的心當中都有波浪、塵垢。一個念頭就是一個波浪，所以，我們從早上到晚上，心中不知起了多少波浪。我們心當中有很多雜念：貪心、瞋心、癡心、慢心、疑心、邪見。貪心有很多種：貪財、貪色、貪名、貪食、貪睡，這些都是「垢」。

所以，去除心中的塵垢，就獲得了佛法中八萬四千法門。

↗改變自己的正向智慧

一、世界上這麼多塵土從那兒來呢？這一切塵是從每一個眾生心裡所生出來的。為什麼？因為眾生心裡妄想太多了，妄想就好像塵一樣，繞繞不安、恆常變動。

二、如果能經常觀察自己的念頭，每一個念頭就都能夠與佛法相應了，那麼困擾我們的那些不善的念頭，就沒有機會活動了。

三、人都有貪、瞋和癡三毒。這三毒把人的佛性，都毒得昏昧如睡覺了。為什麼我們沒有覺悟，一生都在醉生夢死中，就因為有這三毒。

正向活法52

壞習慣不難改，就看有沒有改正的決心

壞習慣如同麻醉藥，在不知不覺中會腐蝕我們的性靈，蠶食我們的生命，毀滅我們的幸福，左右我們的一生，怎麼能夠不戒懼謹慎！

上天造了白晝，也造了黑夜。他叫我們在白晝睜開眼睛看光，及至黑夜來到，便閉目休息。照樣，上天也叫我們睜眼看那些使人喜樂使人高興的事，看別人的長處與優點，看人待我們的一切好處。

不料世上大多數的人心中都積滿塵垢，他們不肯看光明，卻專一地注視黑暗。他們只看那些使人痛苦使人悲哀的事，只看那些可怖可憎嫌的事，只看別人的短處和劣點，只看人待他們不好的地方。

他們不但只看這些，甚至還自己製造出來許多幻想中的苦難、危險、災禍、不幸。他

們還幻想別人在那裡怎樣仇視他們，怎樣陷害他們，怎樣輕看他們，怎樣憎惡他們。他們不肯看一點光明，只是專一注目地看著黑暗。

佛教說：煩惱難斷，而去除塵垢更難。它們使我們終生受患無窮。壞習慣會左右我們的一生，習慣成自然，變成根深蒂固的習氣，譬如一個人脾氣暴躁，惡口罵人，習以為常，沒有人緣，做事也就得不到幫助，成功的希望自然減少了。

更有一些人招搖撞騙，棄信背義，結果雖然騙得一時的享受，但是卻把自己孤絕於眾人之外，讓大家對他失去了信心。

有些不良的青少年，雖然家境頗為富裕，但是卻染上壞習慣，以偷竊為樂趣，進而做出殺人搶劫的惡事，不但傷害了別人的幸福，也毀了自己的前程。

壞習慣如同麻醉藥，在不知不覺中會腐蝕我們的性靈，蠶食我們的生命，毀滅我們的幸福，怎麼能夠不戒懼謹慎！

正向密碼

貪求總是苦，付出總有樂

修學佛法，要以佛的知見為自己的知見，絕對不要自以為是、自作聰明。因為，自以為好心幫助別人，卻不知自己的知見是否正確，不知自己的說法理解是否有偏差，不知道自己的佛性被錯誤的觀念掩蓋，那是非常危險的。

要知道，雖然每個人都有佛性，都能夠獲得超脫，但佛性之上有塵埃的人，時時都被痛苦纏繞。有的人一生來就想求發財，可是兢兢業業，辛辛苦苦，從有生命以來就想要發財，等到死的時候也沒有發財，還是做個窮鬼，這是求不得苦。有人覺得做官很不錯，於是想盡法子求做官，可是求了一生，結果也沒做到，這也是求不得苦。

有的一生就求名，但一生也沒求到。有的沒有孩子，就想生個聰明的兒子、漂亮的女兒，但求來求去也求不得，這也是求不得苦。

在一生之中不是求這樣，就是求那樣，但是哪一樣也沒有求到。總而言之，你所貪求的東西，得不到手裡，這都是苦。

佛陀是一位慈愛眾生的宗教家，也是一位充滿道德勇氣的革命家。佛陀不止要改革印度四姓階級制度的社會弊病，更要革除眾生心裡的種種毛病。

佛陀主張的革命是對自己內心的慾望所進行的一場搏鬥，唯有勇於革新自己的人，才有光明的人生。

求道的過程無非是洗心滌慮、淨化生命的工夫，等到天清月現、朗照大地的時候，就是與諸佛同遊碧空的良辰！

人不要自欺，悟了這念心，就是中道、就是實相，也就找到了生命的源泉。洗淨你的心靈，淨化你的靈魂，做一個聰明有益於社會的人。

↗改變自己的正向智慧

一、常人有一種習慣，容易看到別人的缺點，卻文飾自己的過失。佛陀的教化，替我們開了無數的法門，就是要我們洗去心中的塵垢，還給它本來無染的一片潔淨。

二、在一生之中不是求這樣，就是求那樣，但是哪一樣也沒有求到。總而言之，你所貪求的東西，得不到手裡，這都是苦。

三、常人心中時常充滿痛苦、失望、悲觀、苦惱、憂慮、愁悶、怨瀆、仇恨、報復、恐懼。至於那些使他們喜樂使他們感恩的事，卻故意閉目不看，好像怕自己因為看見光明而得著快樂。他們的愚昧使自己的身心都受了無限的損失，不僅害了自己，還害了身邊的人。

正向活法53

「煩惱」是一種最差的禮物，但有時候大家卻都搶著要

沒有錢是一種煩惱，錢太多也是一種煩惱，只有懂得把金錢善加利用，多布施、多做功德，那麼無論有沒有錢都不會再有煩惱。

假如把乾草堆積得像須彌山那麼大，投一點點像芥子那麼大的火種在裡面，一定會將乾草燒盡。眾生對佛所種的一點點善根也是如此，一定能燒盡自己身心的一切煩惱。

當人解除了自己的煩惱痛苦之後，看見他人仍在「苦海」之中，慈悲心起，自會幫助他人解除種種生命之苦。推而廣之，亦會幫助其他生物達至完善的境地。

有一對年輕夫婦同在一所小學裡教書，雖然待遇不高，但是每天夫唱婦隨地生活，感覺也很愉快。

隔壁的大樓裡住了一位董事長，每天為錢苦惱，怕被偷、被搶，所以生活得很不自

在。

有一天，他聽到隔壁傳來愉悅的歌聲，非常不高興地說道：「他們住得如此簡陋，生活得如此清貧，還彈什麼琴、唱什麼歌？我住在高樓大廈，有地位、有錢，為什麼這麼苦惱呢？」

他的秘書忍不住開口：「報告董事長，如果您嫌苦惱的話，可以把煩惱送給隔壁的夫婦啊！」

「怎麼把煩惱送給他們呢？」

「您可以送給他們一百萬元，反正一百萬對您來說也只是九牛一毛。」董事長勉為其難地決定試一試。

這對夫妻一夕之間得到一百萬，開心得不得了，整個晚上無法安眠，不知道要將一百萬藏在哪裡，放在枕頭下、床底下、抽屜裡、櫃子裡，到處都不安全。就這樣折騰了一夜，直到第二天天亮，這對夫妻終於有了一個醒悟，決定把這一百萬元還給董事長，並說：「這是您的煩惱，還是還給您吧！」

錢，有時是一種煩惱，但是有錢卻可以幫助別人，為他人服務，也就是如果我們能把金錢善加利用，多布施、多做功德，那麼擁有再多金錢也不會有煩惱。

正向密碼

護持小小的善念與初發心，努力發揮自己的慈悲心，以求解除生命之苦。

盧梭說：「慾望是我們保持生存的主要工具。」因此，慾望是生存之道，無關善惡。過去，西藏有一位高僧叫潘公傑，每天打坐，在面前放黑白兩堆小石子，來辨識善念惡念。善念出現時，拿一顆白石子放在一邊，惡念出現時，取黑石子。

佛法中的善念即利益大眾，惡念則不單指殺人越貨，在腦中轉瞬即逝的享樂之念，以及貪慕、忌妒、嗔惱等都可以稱之惡念，而欺詐偷盜已是罪惡了。

以現在的角度闡述，善念即仁愛，而惡念不過是慾望。慾望是什麼？大哲學家盧梭說：「慾望是我們保持生存的主要工具」。

由於慾望的指引，人生克服種種困難走向滿足。因此，為了保持我們的生存，我們必須愛自己，愛自己要勝過愛其他一切東西。然而，愛自己需有一個限度，超過此限，就可能變成惡，甚至變成罪。

潘公傑大師在黑白石子中辨別善惡二念，開始時黑石子多。他摑自己的耳光，甚至痛苦、自責地對自己說：「你在苦海裡輪迴，還不知悔過嗎？」三十多年之後，他手下全變成白石子了，大師終於修成了。

善念其實是小小的火苗，倘若不精心護佑，它在心中也就旋生、旋滅了。我們或許達不到高僧那種至純之境，要知道，愛自己原本也沒有錯，但無論「利己心」走得多遠，只要有善念相伴，你都會是一個好人。

改變自己的正向智慧

一、佛法中的善念即利益大眾，惡念則不單指殺人越貨，在腦中轉瞬即逝的享樂之念，以及貪慕、忌妒、嗔惱等都可以稱之惡念，而欺詐偷盜已是罪惡了。

二、為了保持我們的生存，我們必須愛自己，愛自己要勝過愛其他一切東西。然而，愛自己需有一個限度，超過此限，就可能變成惡，甚至變成罪。

三、如果一個人依從佛教所提示的人生方向過生活，那麼他會努力發揮自己的慈悲心，以求解除自己及別人的生命之苦，這樣的人生是最有意義的人生。過這種生活的人，就是在成佛之路上邁進的人。

四、慈悲兩字，聽起來有些蒼老，有人甚至會覺得它陳腐，實際它穿越時代，是凝注蒼生的大境界。今天流行的「關懷」以及「溫馨」，不過是它的現代版，內涵如一。

正向活法54

避免再犯錯，是人生中最大的一筆財富

精進就是斷惡修善的行為，而「懈怠」，就是對於斷惡修善之事不盡力，因此，精進是治療懈怠的藥方。

懈怠的人，就像用來舂東西的杵一樣，一是不能自己支使自己，一天比一天使用損壞；二是不能自立，丟到地上就躺在地上，天長日久漸漸不能使用。

然而，想要改掉懈怠惡習的方法就是精進，什麼叫精進呢？精進就是一種努力，就是一種奮鬥。任何一個人生存在這個世界上，都希望事業有所成就，這就需要努力，需要奮鬥。

但並不是所有的努力都叫精進，佛法的精進有它精進的內涵，精進就是斷惡修善的行為。除了斷惡修善的行為以外，像社會上的人拼命地賺錢，拼命地追求權力地位，這些都

不可以稱為精進。

甚至像有些人努力地做壞事，努力地殺生，努力地偷盜，努力地邪淫，努力地說假話，這些都不可以稱為精進。

佛法所說的精進，它有一個標準。精進要在佛法的指導下，改善自我，斷惡修善，這才可以稱為精進。

修行過分地勇猛精進，會增加急躁的情緒，與修行不容易相應，而過分地放鬆懈怠，就會增長懈怠、放逸、昏沉、睡眠，同樣跟修行不相應。

佛說，「精進莊嚴故，能破魔怨」。意思是，一個人如果能在善業的基礎上精進用功，就能破除魔怨。魔不僅僅是天魔外道的魔，還包括煩惱魔、生死魔。

總之，能夠障礙我們修行的一切障緣都可以稱為魔。破除煩惱，破除生死，這一切都需要精進，如此才能「入佛法藏」，悟入佛法。

正向密碼

懈怠是人生的惡疾，而對治懈怠的藥方就是精進

「懈怠」，就是對於斷惡修善之事不盡力，懈是根身的疲倦，怠是心識的放縱。

過去的先聖先賢，在道業上所以有成就，哪一個不是經過大死一番的精進？

阿那律尊者有一次在佛陀的講經法會中，竟然打起瞌睡來，佛陀對於懈怠不精進的弟子，很不歡喜，就喊醒阿那律，呵斥他說：

「咄咄汝好睡，螺螄蚌殼內；一睡一千年，不聞佛名字。」

阿那律尊者聽了佛陀的呵斥以後，心裡很慚愧，發願從今以後不再睡眠，每天不是經行就是誦經。一天兩天不睡眠是不要緊，但天天不睡眠，人的精神當然會支持不住，眼睛也會吃不消，經過一段時間，阿那律還是精進不懈地不休息，他的眼睛終於瞎了。

佛陀非常憐憫他，教瞎了眼的阿那律修習金剛照明三昧，不久，阿那律即證得天眼通。

在世俗裡，若有人勸你打牌賭錢，你如不打，他就會說你沒意思；勸你吃喝跳舞，你如不應邀，他就說你不合群。人貪慕輕安，講究享受，在享樂的方面很積極，對修道卻不能發勇猛精進之心。

佛陀往昔修行時，捨身飼虎，割肉餵鷹，這種難行能行、難忍能忍的精進犧牲之心；修學菩薩道的聖者，為了度眾生、了生死，其積極精進的精神，豈是那些批評佛教是消極的人所能想像體會得到的。

在衡量真假「精進」之中，失敗儘管難以避免，但失敗並不可怕，總結失敗經驗避免

再錯，將是我們在人生之旅中最大的一筆財富。

改變自己的正向智慧

一、什麼叫精進呢？精進就是一種努力，就是一種奮鬥，但並不是所有的努力都叫精進，精進就是斷惡修善的行為。除了斷惡修善的行為以外，像社會上的人拼命地賺錢，拼命地追求權力地位，這些都不可以稱為精進。

二、在世間上，無論做什麼事，必須要有大雄、大力、大無畏的精神不可，人在社會上興辦的事業，在佛法裡修學的道業，所遭遇到的障礙、磨難一定很多，如果猶豫不前，或稍一懈怠，就會一事無成。

三、一個人的成就，往往是經過百折不撓、不懈努力換來的。世間上人為的、暫時的人生幸福和快樂，都要付出很大的代價去努力，去奮鬥。

正向活法55

發現生命意義的同時，也看到了真正的自己

在一拈花一微笑之間，便傳遞了所有人生想傳達的一切。

禪宗又被稱為頓宗，是因為禪宗講究「頓悟」，參禪學佛往往要經歷很長的時間，但是，修禪不能完全靠漸修，必須有一次智慧的飛躍。怎樣才能達到智慧的飛躍呢？必須靠「頓悟」。

一個人必須要在一時、一剎那之間頓悟，才有成佛的可能。

唐代的智閑和尚曾拜靈佑禪師為師，有一次，靈佑問智閑：「你還在娘胎裡的時候，在做什麼事呢？」

智閑低頭苦思，心想還在娘胎裡的時候，能做什麼事呢？他冥思苦想，無言以對，於是說：「弟子愚鈍，請師父賜教！」

靈佑笑著說：「我不能說，我想聽的是你的見解。」

智閑只好回去，翻箱倒櫃查閱經典，但沒有一本書是有用的。他這才感悟道：「本以為飽讀詩書就可以體味佛法，參透人生的哲理，沒想到都是一場空啊！」

灰心之餘，智閑一把火將佛籍經典全部燒掉了，並發誓說：「從今以後再也不學佛法了，省得浪費力氣！」

於是，他前去辭別靈佑禪師，準備下山，禪師沒有任何安慰他的話，也沒有挽留他，任他到自己想去的地方。智閑來到一個破損的寺廟裡，還過著和原來一樣的生活，但是心裡還總是放不下禪師問他的話。

有一天，他隨便把一片碎瓦塊拋了出去，瓦塊打到一棵竹子上，竹子發出了清脆的聲音。智閑腦中突然感到一種從未體驗過的顫抖和喜悅，體驗到了禪悟的境界。

他終於醒悟了：「只有在生活實踐中自悟自證，才能獲得禪旨的真諦。」

如果沒有那次頓悟，也許智閑禪師永遠都不能成佛，這就是頓悟的巨大作用。

不管是做什麼事，想要獲得成功，都需要功夫，任何一種技術、技巧都需要花功夫學會，還要再花更多工夫學精。

一個人想要修養內心，更需要功夫，功夫到了，你就會在一瞬間獲得開悟。

正向密碼

想獲得成功，不能心存僥倖，只有確實努力，才能在一瞬間獲得靈感

佛經中就記載了「拈花微笑」的動人故事，將心靈、修養、覺悟等妙不可言的境界展現得淋漓盡致。

釋迦牟尼在靈山法會上正準備說法，這時大梵天王來到靈山，向釋迦牟尼獻上一朵金色波羅蜜花。然後，坐在最後的座位上，聆聽釋迦牟尼說法。

釋迦牟尼面對人間天上諸神一言不發，只是舉起這朵金色波羅蜜花給大家看。大家都不明白這是什麼意思。相傳就在那拈花示眾和微笑之間，已經把所有的佛法都道盡了，把生活的智慧和藝術說得淋漓盡致了。

但是在法會上的大眾，都面面相覷，不知道佛陀說的是什麼。

這時，座中有一位叫大迦葉的弟子，卻對佛陀報以會心的微笑，就這樣發生了禪宗的第一次傳燈，他們師徒之間完全會心，心傳密付了。

釋迦牟尼便對大迦葉說：「我有正法深藏眼裡，以心傳心。你們應擺脫世俗認識的一切假相，顯示諸法常駐不變的真相，透過修習佛法而獲得成佛的途徑，了悟本源自性是絕對的最高境界，不要拘泥於語言文字，可不在佛教之內，亦可超出佛教之外。我以此傳授

給摩訶迦葉。」

這其中提示出這樣一條禪教大法，那便是：「不立文字，教外別傳，直指人心，見性成佛。」

很多人看到這個故事之後都會覺得，原來開悟這麼簡單啊，其實，為了這次覺悟，迦葉在背後下了多少功夫又有誰知道呢？

一個人要想獲得成功，千萬不能心存僥倖，只有經過實實在在的努力，才能在一瞬間獲得靈感，讓人生往前邁一大步。

↗改變自己的正向智慧

一、頓悟，是一種只可意會不可言傳的智慧。

二、覺悟是一種智慧，它是長時間思考後，靈感在一瞬間迸發出的光芒，也是歷經人生後那無言的微笑。

三、投機取巧的事是做不長久的，即使是竅門或捷徑，也是功夫和經驗積累達到熟能生巧的結果。

第六輯　有時候，執著是一種重負，放棄卻是一種美麗

生活中，許多人不懂得放棄。須知，生命如同工匠手中的璞玉，不善於取捨，焉成精品？換言之，只有放棄了不可能實現的夢想，才能走一條真正屬於自己的路來。

正向活法56

言語無法傳達的，可以用心傳達

文字只是工具，理解只能用心體悟，而不是文字，就像騎馬的時候，不一定必須要有韁繩，那是給那些初學者準備的。

有人問文益禪師：「什麼是第一義？」

文益說：「我如果告訴你，就是第二義。」

文益禪師在這裡所表達的就是，禪是不可說的，不但不可說，甚至是不可思議的。

有一次，慧能禪師在別人家裡借宿，中午休息的時候，忽然聽見有人在念經，慧能傾身細聽，感覺有些不對，於是來到那個念經人的身旁，問道：「你常常誦經文，是否瞭解其中的意思？」

那個人搖搖頭說：「有一些實在難懂。」

慧能就把那個人剛才朗誦的部分為他做了詳細的解釋：「當我們在虛名浮譽的煙灰裡老去，滿頭白髮的時候，我們想要什麼？當生命的灰燼將熄滅，心跳與呼吸即將停止的時候，什麼是我們最後的期盼？當墳墓裡的身體腐爛成屍骸，塵歸塵，土歸土，生命成為毫無知覺的虛空之後，我們在哪裡？」

一時間，天清地明，那個人混沌頓開，似乎隱約看見了生命的曙光。

那個人驚異地問慧能佛經上幾個字的解釋，慧能大笑，說道：「我不認識字，你就直接問我意思吧！」

那個人聽了他的話感到十分吃驚，說道：「你連字都不認識，怎麼能夠瞭解意思呢？怎麼能夠理解佛理呢？」

慧能笑著說：「諸佛的玄妙義理，和文字沒有關係。文字只是工具，理解靠的是心，是悟性，而不是文字。騎馬的時候，不一定必須要有轡繩，那是給那些初學者準備的，一旦入門，就可以擺脫轡繩，到想去的地方自由馳騁。」

正向密碼

思量人間的善事，心就是天堂；思量人間的邪惡，就化為地獄。

慧能禪師見弟子整日打坐，便問道：「你為什麼終日打坐呢？」

「我參禪啊！」

「參禪與打坐完全不是一回事。」

「可是你不是經常教導我們要安住容易迷失的心，清靜地觀察一切，終日坐禪不可躺臥嗎？」

禪師說：「終日打坐，這不是禪，而是在折磨自己的身體。」

弟子迷茫了。

慧能禪師緊接著說道：「禪定，不是整個人像木頭、石頭一樣死坐著，而是一種身心極度寧靜、清明的狀態。離開外界一切物相，是禪；內心安寧不散亂，是定。如果執著人間的物相，內心即散亂；如果離開一切物相的誘惑及困擾，心靈就不會散亂了。我們的心靈本來很清淨安定，只因為被外界物相迷惑困擾，如同明鏡蒙塵，就活得愚昧迷失了。」

弟子躬身問：「那麼，怎樣去除妄念，不被世間迷惑呢？」

慧能說道：「思量人間的善事，心就是天堂；思量人間的邪惡，就化為地獄。心生毒害，人就淪為畜生；心生慈悲，處處就是菩薩；心生智慧，無處不是樂土；心裡愚癡，處處都是苦海了。心亂只是因為身在塵世，心靜只是因為身在禪中，沒有中斷就沒有連續，沒有來也就沒有去。」

弟子終於醒悟，禪師的話像暮鼓晨鐘喚醒了碎裂在生活碾磨裡的人。

佛經上說，「心淨則國土淨」，處處都是淨土，處處都是極樂世界，只要心淨國土就淨。

其實，不管儒家、佛家、道家，以及世界上其他一切宗教，人類的一切修養方法，都是這三個字——善護念。就是好好照應的心念，起心動念，都要好好照應你自己的思想。

改變自己的正向智慧

一、心生毒害，人就淪為畜生；心生慈悲，處處就是菩薩；心生智慧，無處不是樂土；心裡愚癡，處處都是苦海了。

二、人的思維和語言文字都有一定的局限性，而禪是超越思維和語言的領域的，因此，禪不能用語言來表達，不能用思維來思考。

三、心亂只是因為身在塵世，心靜只是因為身在禪中，沒有中斷就沒有連續，沒有來也就沒有去。

正向活法57

無我，就是修行的最高境界

無論你的心跡藏得有多深，只要存在，別人就可以探察到。只有心無外物，才能讓人無所察覺，超然忘我，放下得失之心，便不會陷入欲求的痛苦之中。

其實，參禪的關鍵並不在於打不打坐，說不說佛，而是在於你怎樣去修心，只有心先行進入禪的境界，人才可能修成禪。

從前，有一個老禪僧住在庵內，在門上寫「心」字，在窗上也寫「心」字，在牆上還是寫上「心」字。文益禪師對此事評論說：「門上應該寫『門』字，窗上應該寫『窗』字，牆上應該寫『牆』字。」

那個老僧顯然還沒有通達禪的境界，因為他的心中還有「心」這個概念。只有化有心為無心，讓一切都顯現為一切的本來面目，才是真的修為境界。

慧忠禪師就是一個心外無物的人，可以說，他已經達到了大徹大悟的無我忘我境界。印度的三藏法師自覺神通，他來到慧忠禪師面前，與他驗證。

慧忠謙抑地問道：「久聞您能夠了人心跡，不知是否屬實？」

三藏法師答道：「只是些小伎倆而已！」

慧忠於是心中想了一件事，問道：「請看老僧現在心在何處？」

三藏運用神通，察看了一番，答道：「高山仰止，小河流水。」

慧忠微笑著點頭，將心念一轉，又問：「請看老僧現在身在何處？」

三藏又做了一番考察，笑著說：「禪師怎麼去和山中猴子玩耍了？」

「果然了得！」慧忠面露嘉許之色。稱讚過後，隨即將風行雨散的心念悉數收起，反觀內照，進入禪定的境界，無我相、無人相、無世界相、無動靜相，這才笑吟吟地問：「請看老僧如今在什麼地方？」

三藏神通過處，只見青空無雲、水譚無月、人間無蹤、明鏡無影。

三藏使盡了渾身解數，天上地下徹照，全不見禪師心跡，一時茫然不知所措。

慧忠緩緩出定，含笑對三藏說：「閣下有通心之神力，能知他人一切去處，極好！極好！可是不能探察我的心跡，你知道是為什麼嗎？」

三藏迷惑。

慧忠禪師笑著說：「因為我沒有心跡，既然沒有，如何探察？」

無論你的心跡藏得有多深，只要存在，別人就可以探察到。只有心無外物，才能讓人無所察覺。超然忘我，放下得失之心，不苦苦執著於自己的得與失、喜與悲，便不會陷入欲求的痛苦之中。

正向密碼

心中沒有善惡，才能擁有一片清淨的心地。

國學大師南懷瑾先生曾說：「人，悟到了真正的無我，修行到了真正的無我，就是佛了。」

這個佛，無我，自然無眾生，無壽者，這就是佛的境界。所以做到了無我就是佛境界，一切凡夫都有我相、人相、眾生相、壽者相，一切觀念的執著，都是因為有我而來，那麼真正無我就是佛境界。

生活中的每一次滄海桑田，每一次悲歡離合，都需要我們用心慢慢地去體會、去感悟。

如果我們的心是暖的，那麼在自己眼前出現的一切都是燦爛的陽光、晶瑩的露珠、五

彩繽紛的落英和隨風飄散的白雲，一切都變得那麼愜意和甜美，無論生活有多麼的清苦和艱辛，都會感受到天堂般的快樂。

心若冷了，再熾熱的烈火也無法給這個世界帶來一絲的溫暖，我們的眼中也充斥著無邊的黑暗，冰封的雪穀，殘花敗絮的淒涼。

一個人有多大的靈性，就在於他的心靈具有多大的靈性，因此，一個人生活在這個世界上，必須懂得珍視、呵護自己的心靈，才能保持個人的真善。

改變自己的正向智慧

一、淡泊明志，寧靜致遠。擁有一顆寧靜的心，我們才能從容面對自己的生活。

二、如果我們的心是暖的，那麼在自己眼前出現的一切都是燦爛的陽光；心若冷了，再熾熱的烈火也無法給這個世界帶來一絲的溫暖。

正向活法58

只要心是光明的，黑暗就侵蝕不了你的心

身外的成就再高，如同燈再亮，卻只能造成身後的影子。唯有一個方法，能使自己皎然澄澈，心無掛礙，那就是在自己的內心點亮一盞心靈之燈。

許久以前，有一位小尼姑去見師父，悲哀地對師父說：「師父！我已經看破紅塵，遁入空門多年，每天在這青山白雲之間，茹素禮佛，暮鼓晨鐘，經讀得越多，心中的個念不但不減，反而增加，怎麼辦啊？」

師父對她說：「點一盞燈，使它不但能照亮妳，而且不會留下妳的身影，就可以體悟了！」

幾十年之後，有一所尼姑庵遠近馳名，大家都稱之為「萬燈庵」。因為庵中點滿了燈，成千上萬的燈，使人走入其間，彷彿步入一片燈海，燦爛輝煌。

這所萬燈庵的住持就是當年的那位小尼姑，雖然年事已高，並有上百個徒弟，但是她仍然不快樂。因為儘管她每做一樁功德，都點一盞燈，卻無論把燈放在腳邊，懸在頂上，乃至以一片燈海將自己團團圍住，還是會見到自己的影子。

燈越亮，影子越顯；燈越多，影子也越多。她困惑了，卻已經沒有師父可以問，因為師父早已去世，自己也將不久於人世。

後來，她圓寂了。

據說就在圓寂前終於體悟到禪理的機要。

她沒有在萬燈之間找到一生尋求的東西，卻在黑暗的禪房裡悟道。她發覺身外的成就再高，如同燈再亮，卻只能造成身後的影子。

唯有一個方法，能使自己皎然澄澈，心無掛礙，那就是在自己的內心點亮一盞心靈之燈。

正向密碼

如果心頭一片黑暗，再如何亮的蠟燭也無法將其照亮

禪宗典籍《五燈會元》上記載了這樣一則故事：

德山禪師在尚未得道時曾跟著龍潭大師學習，日復一日地誦經苦讀讓德山有些忍耐不住，一天，他跑來問師父：「我就是師父翼下正在孵化的一隻小雞，真希望師父能從外面盡快地啄破蛋殼，讓我早日破殼而出啊！」

龍潭笑著說：「被別人剝開蛋殼而出的小雞，沒有一個能活下來的。母雞的羽翼只能提供讓小雞成熟和有破殼之力的環境，你突破不了自我，最後只能胎死腹中，不要指望師父能給你什麼幫助。」

德山聽後，滿臉迷惑，還想開口說些什麼，龍潭說：「天候不早了，你也該回去休息了。」

德山撩開門簾走出去時，看到外面非常黑，就說：「師父，天太黑了。」

龍潭便給了他一支點燃的蠟燭，他剛要接過手，龍潭就把蠟燭吹滅，德山見狀，便不

解地向龍潭問說：「師父為何要將給我照明的蠟燭吹滅？」

龍潭對德山回說：「如果你心頭一片黑暗，那麼什麼樣的蠟燭也無法將其照亮啊！即使我不把蠟燭吹滅，說不定哪陣風也要將其吹滅啊！」

德山聽後，如醍醐灌頂，後來果然青出於藍，成了一代禪宗大師。

「我有明珠一顆，久被塵勞關鎖。今朝塵世光生，照破山河萬朵。」這是宋代禪僧茶陵鬱的一首悟道詩，然而，他說的那顆明珠是什麼呢？

其實，他說的那顆明珠就是他自己的心靈，一個人只有找到自己的心靈，才能真正修為有成，一個人如果懂得藉著修行點燃自己心房的燭火，那麼就能讓自己在暗路上，即使不用拿蠟燭也能暢行無阻。

↗改變自己的正向智慧

一、當你面對陽光的時候，陰影就在你的背面。

二、如果心頭一片黑暗，那麼什麼樣的蠟燭也無法將其照亮，只有點亮心燈，人生才能溫暖光明，由心燈發出的光，不會留下自己的影子。

三、不要被別人的言語所誘惑，圍繞著你的心去生活，就能綻放你自己的生命色彩，實現你生命的圓滿和美麗。

正向活法59

保持著自己的初心，才可以使生命永遠健康

每個人的心境是零極限的，我們的心就是一個小宇宙。人如果能夠永遠保持「初心」，不受外界環境影響和污染，永遠保持光明磊落、坦白純潔，便能讓自己的人生永遠快樂和健康。

「千江有水千江月，萬里無雲萬里天。」禪師們在講悟道，或者般若的部分時，常會引用到這兩句話。天上的月亮只有一個，照到地上的千萬條江河，每條河裡都有一個月亮的影子，就是「千江有水千江月」。

萬里晴空，如果沒有一點雲的話，整個天空，處處都是無際的晴天，所以「萬里無雲萬里天」。

這是很好的境界，許許多多的學禪者都是因為這些境界而悟道的。

唐代朗州太守李翱非常嚮往藥山惟嚴禪師的德行，一天，他特地親身去參謁，巧遇禪師正在山邊樹下看經。雖知太守來，但仍無起迎之意，侍者在旁提示，仍然專注於經卷上。

李太守看禪師這種不理睬的態度，忍不住怒聲斥道：「見面不如聞名！」說完便拂袖欲去，惟嚴禪師至此，才冷冷說道：「太守何得貴耳賤目？」短短一句話，李太守為之所動，乃轉身拱手致歉，並問道：「如何是道？」

惟嚴禪師以手指上下說：「會嗎？」

太守搖了搖頭說：「不會。」

惟嚴：「雲在青天水在瓶！」

太守聽了，欣然作禮，隨述偈曰：

「練得身形似鶴形，千株松下兩函經；我來問道無餘說，雲在青天水在瓶。」

惟嚴禪師形象地給太守點出了修道見道的境界，「雲在青天水在瓶」，這是很自然的，天上的雲在飄，水在瓶子裡，擺在桌上，一個那麼高遠，一個那麼淺近，這就是個境界。

的確，心的修持達到了哪種境界，我們的人生境界就有多麼開闊。

正向密碼

心有多大，你的舞臺就有多大

人為什麼會蒼老呢？受了情緒的變化和一切外界的影響，我們慢慢由青年到中年，到老年。

所以修道與處世，雖然處於很複雜的世間，但要始終保持著自己的頭腦，永遠使生命青春，這是最高的修養，這在中國儒釋道三家，叫做「初心」。

唐朝有一位江州刺史李渤，問智常禪師道：「佛經上所說的『須彌藏芥子，芥子納須彌』未免失之玄奇了，小小的芥子，怎麼可能容納那麼大的一座須彌山呢？過份不懂常識，是在騙人吧？」

智常禪師聞言而笑，問道：「人家說你『讀書破萬卷』，可有這回事？」

「當然！當然！我豈止讀書萬卷？」李渤一派得意洋洋的樣子。

「那麼你讀過的萬卷書如今何在？」

李渤抬手指著頭腦說：「都在這裡了！」

智常禪師道：「奇怪，我看你的頭顱只有一個椰子那麼大，怎麼可能裝得下萬卷書？莫非你也騙人嗎？」

悟道的人，智慧開發是無窮盡的，佛學名詞叫做無師智，也叫做自然智。自己本有的智慧倉庫打開了，不是老師傳授給你的，是你自己固有的智慧爆發了，天上地下，無所不知，這樣的境界非身臨其境者不能體會。

做人，最難得是能永遠保持著剛剛出世的那種心境。

譬如年輕人剛出學校，是滿懷希望，滿懷抱負。但是入社會久了，挫折受多了，艱難困苦經歷了，或者心染污了，變壞了；或者本來很爽直的，變得不敢說話了；或者本來很坦白的，變成心理歪曲；本來有抱負的，最後變得很窩囊了。其實，社會與環境不足以影響人，而是自己的「初心」影響了自己。

人如果能夠永遠保持「初心」，不受外界環境影響和污染，永遠保持光明磊落、坦白純潔，便能讓自己的人生永遠快樂和健康。

↗改變自己的正向智慧

一、影響我們改變理想和抱負的不是社會與環境，而是我們的初心。

二、如果自己獨立修養的精神出神入化，那麼在任何複雜的世界，任何複雜的時代，任何複雜的環境裡，都可以永遠保持最初時的心境。

正向活法60

用心去看見眼睛看不見的東西

心靈的解脫就是開悟，是一種無法比擬的豁然開朗狀態。

在日本極有影響力的白隱禪師，曾設計過一則公案，就是「隻手之聲」，讓學禪的人參一隻手有什麼聲音。

後來「隻手之聲」成為日本禪法重要的公案，他們最愛參的問題是：「兩掌相拍有聲，如何是隻手之聲？」或者參：「隻手無聲，且聽這無聲的妙音。」

人本身就是一個謎，人最不瞭解、最不明白的，恰恰是人本身。最看重智慧，竭力追求智慧的古希臘人，卻樹立了那塊赫然刻著「認識你自己」的石碑。

在生存和死亡相伴的旅途中，人的本質是一個獨行者——沒有人可以代替別人生活。

做了一輩子的事業、研究與學問，勞累、流汗，筋疲力盡，到頭來還是學不會真正關愛自己的心靈，對自己的內心世界一點辦法都沒有，這又是為什麼？這又何苦？我們聆聽到了那奇妙的隻手之聲了嗎？

我們活著畢竟要關照好自己，生命是我們從造化接受的恩賜，我們有願望也有責任去善待這項恩賜。珍視我們的心靈，醒悟自覺，解除一切奴役我們心靈的枷鎖，使我們自由的心靈飛翔在宇宙深處。

一隻手能發出什麼聲音呢？在一般人可能會覺得很迷惑，但參禪之人卻能聽見隻手之聲。

正向密碼

嘗試與自己的心靈對話，就會聽到平常聽不到的心聲

默雷禪師有個叫東陽的小徒弟。

這位小徒弟看到他的師兄們，每天早晚都分別到大師的房中請求參禪開示，師父給他們公案，用來拴住心猿意馬，於是他也請求師父指點。

「等等吧，你的年紀太小了。」但東陽堅持要參禪，大師也就同意了。

到了晚上參禪的時候，東陽恭恭敬敬地磕了三個頭，然後在師父的旁邊坐下。

「你可以聽到兩隻手掌相擊的聲音，」默雷微微含笑地說道，「現在，你去聽一隻手的聲音。」

東陽鞠了一躬，返回寢室後，專心致志地用心參究這個公案。

一陣輕妙的音樂從視窗飄入。「啊，有了，」他叫道，「我會了！」

第二天早晨，當他的老師要他舉示隻手之聲時，他便演奏了藝妓的那種音樂。

「不是，不是，」默雷說道，「那並不是隻手之聲。隻手之聲你根本就沒有聽到。」

東陽心想，那種音樂也許會打岔。因此，他就把住處搬到了一個僻靜的地方。

這裡萬籟俱寂，什麼也聽不見。「什麼是隻手之聲呢？」思量之間，他忽然聽到了滴水的聲音。「我終於明白什麼是隻手之聲了。」東陽在心裡說道。

於是，他再度來到師父的面前，模擬了滴水之聲。

「那是滴水之聲，不是隻手之聲。再參！」

東陽繼續打坐，諦聽隻手之聲，毫無所得。

他聽到風的鳴聲，也被否定了；他又聽到貓頭鷹的叫聲，但也被駁回了。

隻手之聲也不是蟬鳴聲、葉落聲……

東陽往默雷那裡一連跑了十多次，每次各以一種不同的聲音提出應對，但都未獲認可。到底什麼是隻手之聲呢？他想了近一年的工夫，始終找不出答案。

最後，東陽終於進入了真正的禪定而超越了一切聲音。他後來談自己的體會說：「我再也不東想西想了，因此，我終於達到了無聲之聲的境地。」

東陽已經「聽」到隻手之聲了。

參明白了這個隻手之聲會如何呢？我們親自架設起了溝通心靈奧秘的橋樑，心靈用完整解脫的狀態對自我致歡迎辭。

一旦盡力去聆聽那「隻手之聲」，你就踏上了心靈的解脫之旅。

↗改變自己的正向智慧

一、隻手之聲就如佛陀拈花微笑的奧妙，是無聲之聲的美妙境界。

二、珍視我們的心靈，醒悟自覺，解除一切奴役我們心靈的枷鎖，使我們自由的心靈飛翔在宇宙深處。

三、正所謂「外在聲色如夢似幻，內在心靈湛然寂靜」，外部環境複雜囂嘈，內部心靈又是深埋於思想之下；與其被外界的煩擾弄得心神不定，何不明白自己的心靈，傾聽無比奇妙的「隻手之聲」，一勞永逸地獲得心靈的自由與解脫。

正向活法61

只要淡泊名利，就永遠不會失去快樂

只要懂得助人常樂，幸福也就掌控在你的手中。

依佛教的專門術語來說，學佛的最終目標是求「了生脫死，解脫自在」。換成現代話，就是追求「心靈的超越，解脫煩惱的束縛」。具體地講，乃是學習「如何使心靈超越痛苦的智慧，達到清淨安樂的心神」。

有個故事是這樣的；一個僧人夜晚誦讀迦葉佛遺教經，越念越覺得悲傷，心中產生了後悔不想繼續修行的念頭。

突然，在他心中的佛問他說：「你過去在家裡，曾做過什麼事？」

僧人回答說：「喜歡彈琴。」

佛問：「琴弦如果太鬆了怎樣？」

僧人回答說：「發不出聲音。」

佛又問：「弦太緊了怎樣？」

僧人回答說：「弦斷聲絕。」

佛再問：「如果弦不鬆不緊正適中怎樣？」

僧人回答說：「各種聲音都協調具備了。」

佛說：「出家人學道也是如此，心意如果調整適宜，道就可得了。在修道過程中如果一味地急躁冒進，身體就會疲倦。如果身體疲倦了，心意就會惱恨，惱恨如果產生了，自然會後悔而不願繼續修行。修行一旦悔退，罪業必定會增加了，只有心身清淨安樂，道就不會失去了。」

我們如果能在每一個剎那，自我觀照、自我控制，長養智慧與安詳，沒有憂慮、沒有恐懼、沒有攀緣，離開一切執著，就能獲得幸福。

正向密碼

真正的「純善」，是犧牲而不是獲得，是奉獻而不是佔有

世間人每天辛苦、努力工作，為的是什麼？什麼力量在推動，使他們勤苦工作，早出

晚歸？這些問題都是同一樣答案，為的就是「名、利」。

「利」比「名」還重——假如今天一點好處都沒有，一分錢都得不到，誰還肯去做工呢？自然就懈怠，提不起勁，不肯工作了。

所以，社會運作的動力根源就是「利」，其次就是「名」。佛菩薩既不愛名，也不要利，他在十法界比我們還要辛苦，比我們還努力，在那裡認真教學，這是什麼力量在推動呢？這個力量就是「慈悲」。

諸位想一想，做母親的對於她的孩子——特別是嬰兒——照顧得無微不至，她為的是什麼呢？她是為名？還是為利？她什麼都不是，那是出自於內心的愛護，這個愛心就叫「慈悲心」。

佛對於一切眾生，大慈大悲，這種慈愛是平等的、是沒有什麼條件的，這是一個無比強大的力量永恆地在推動著諸佛菩薩，無有止境地在十方世界教化無量無邊的眾生。

每一個人都在追求幸福！但什麼是真正的幸福呢？

列夫·托爾斯泰說：「真正的愛，在放棄個人的幸福之後才能產生。」蘇格拉底說：「人類的幸福和歡樂在於奮鬥，而最有價值的是為理想而奮鬥。」而巴爾扎克說：「我認為人生最美好的主旨和人類生活最幸福的結果，無過於學習了。」

但佛家的觀點呢？佛家說，「內心安適，俯仰無愧」的人才有真正的幸福。

因為，要是心覺得不安，幸福要從何建立呢？但又要怎麼做，心才會安呢？

古人說：「無所為而為，善而不居，能得心安。」這是教導我們行善時，不要想我又在做善事！我在幫助人！

由犧牲奉獻當中你才會懂得，幫助別人是真正的幸福之道。只有透過與別人的分享，你的成就才有意義，你的自私才得以融解，你心也才會知足、感恩。

清淨安樂的境界，是無法直接獲取的，它必須藉由精進修持有為萬法，才能放下吾人內在執著、自以為是的塵染之心，待時間到了，終將水到渠成，不假外求。

↗改變自己的正向智慧

一、列夫．托爾斯泰說：「真正的愛，在放棄個人的幸福之後才能產生。」

二、只有透過與別人的分享，我們的成就才有意義。

三、整天空思夢想，無所事事，逃避問題，躲入「心靈避風港」的人，是無法面對現實的人。

正向活法62

不要期待，也不要執著

不要去分別好壞與善惡；不要去計較得到和失去；不要去執著成功和失敗。

心安的人，自然能控制自己的慾望，「慾望」可以是推動你向上的一股力量，也可以是主宰你墮落的源頭。

不能控制六根慾望的人，當然就得不到安詳。

嘴巴喜歡說是非的人，朋友遠離，沒人尊重；慾望太高，喜歡涉足不正當場所的人，內心無法清淨，怎能安詳？耳朵整天只聽是非，不懂得聽聞佛法，那麼幸福又從何而來？心猿意馬的人，專心都談不上了，哪談得上有什麼修行的成就？

所以，一定要「宰制官能，懲治我慾」，要做到清淨安樂。

清淨養神是中國傳統養生文化最主要的特色，就是指保持淡泊寧靜的狀態以調節人的精神意志。應該指出的是，中國養生理論所強調的清淨養神，並非叫人心如死灰，什麼也不想，而是應當順時而動，動中求靜，行止有常，飲食有節，心神安定，舉手投足皆應平和。

所以，清淨養神與一味訴諸體力消耗的運動養生方法不同。清淨養神理論更注重於人的意念安靜，恬淡虛無，在盡可能排除內外干擾的前提下，最大限度地接近生命活動的低耗高能狀態，以便從根本上改變人體內部組織器官的不協調狀況，達到祛病延年和發揮人體內潛能的目的。

人體生命活動就其本質而言，實際上就是透過機體的運動來保持一種和諧與穩定的狀態。這種和諧與恆穩不僅體現在身體各部分之間的相互協調，而且還反映在內在生命與外界環境之間的相互平衡上。

一旦破壞了這種平衡，生命活動就會陷入無序和紊亂，乃至終止。「清淨」、「淡泊」正適應了生命活動的這種本質要求。

首先，人體精神的清淨狀態能夠激發人體自身的生理調控機制，從而使機體內部實現恆穩狀態。

其次，清淨狀態可視為人體機能與外在環境之間趨於平衡的調節手段。

做惡的時候，心智就有了污垢；

不做惡的時候，內心就會清淨。

清淨狀態能夠培養一種健康的人格，使人的身心變得美好、堅強、豐滿、充實，擺脫疾病、苦惱、不安和無氣力的狀態。可見，清淨狀態確實可以透過培養獨立脫俗的人格來增強人的內在精神力量。

清淨狀態也有助於增強人們思維的敏捷程度，激發更大的創造力。清淨安樂的確是修行空性智慧的最高境界。人生在世，學佛修行，行菩薩道六度萬行（持戒、佈施、忍辱、精進、禪定、智慧），這些發法只是修行之人鍛鍊的一個過程，若不進一步去進修一切有為法，就不可能獲得清淨無為的心境。

簡單說：修行人只管進修六度萬行，不計得失，不管成敗，不懼生死，心無所求，只管去精進、精進、再精進，鍛鍊、鍛鍊、再鍛鍊，實踐力行持戒、佈施、忍辱、精進、禪定的功課，來應證吾人內在本自俱足的智能悟性。

實踐六度萬行的行為結果，剛開始或許大家依舊會去分別好壞、善惡；會去計較得到和失去；會去執著修行開悟的成功和失敗，但是沒關係，將目標方向確定之後，無怨無悔地老實修行，修正自心的分別、得失之見，不期待、不執著，最終必能獲得清淨無為的空性智能。

改變自己的正向智慧

一、一個人生命力的強弱，不但表現在體質的優劣上，而且也取決於精神旺盛與否和創造力的高低。

二、人生的浮浮沉沉，慾望乃是最大的濫觴，因此，自我控制的層次，亦可視為個人修持成就之指標。

三、中國古代的養生家很早就認識到了只有提高「清淨」的功夫，才能少費精神、深蓄厚養、儲藏能量。

正向活法63

不要只看別人的不是、應多看別人的優點

要多讚揚別人的善事，不要宣揚別人的過失。

對別人慚愧羞恥之事，不要宣講，聽到別人的隱秘，也不要向其他人講說。

佛說，修行，一定要避免造口業。生活中說話的機會很多，但是，要說得有意義則不簡單。例如：解決他人煩惱，彼此溝通瞭解，引導他人學佛……如果只是在製造是非，則自己與他人，常常都會兩敗俱傷。

常常聽到別人說「某某人很壞、很差勁！」等的評論。如果，我們沒有與當事人相處過，也並不瞭解他的做人，如此，聽一聽也就算了，千萬不要再二度宣傳，因為，人往往透過主觀來評斷人、事、物，難免與事實有所差距。

所以，有些佛教講堂的根本戒規：不說是非、不聽是非、不傳是非、不打妄語，全部跟我們的這張嘴有關。

有時候，或許會聽到一些人告訴我們：「某某人不好！」對此，只能隨便聽聽，如果真的聽進去了，又依據他的話加以二次毀謗，那不就太沒有自己的主見了嗎？

「嘴唇薄薄兩片皮，說好說壞都是你。」所以，勸這些講別人的人：「修行人不該談論他人是非。」但是，一般說人是非的人，都會不自覺地辯解道：「他真的就是這樣！不是我在說他的是非。」

談論是非，只會蒙蔽自己的心性，障礙解脫之道。談是非時，內心呈現的是紛擾的情況、不安的狀態。而且，「說人者人恆說之」，若不謹言慎行，可以預見的，這個人將永難掙脫是非的困擾了。

正向密碼

即便別人真的像你說的那樣，你也不該在他的背後說他的是非

有四個和尚，為了修行，他們一起參加禪宗的「不說話修煉」。在四個和尚中，有三個道行較高，只有一個道行較淺，由於修煉時必須點燈，所以點燈的工作就由道行淺的大

鼻子和尚負責。

修煉開始了，四個和尚圍繞著那盞燈，盤腿打座。幾小時過去了，四個人始終默不作聲。

這時，油燈中的油愈燃愈少，眼看就要枯竭了。大鼻子和尚，眼睛始終盯著那盞燈，見此情景甚為著急，可是他不敢說話。

突然，一陣風吹來，燈被風吹得左搖右晃，眼看就要熄火了。大鼻子和尚實在忍不住了，他大叫一聲說道：「糟糕！燈熄了！」其他三個和尚，原來都是閉目打坐，始終沒有說話。一聽到大鼻子和尚的叫喊聲，三個和尚都睜開了眼睛。

無眉和尚立刻斥責大鼻子和尚說：「你叫什麼！我們是在做『不說話修煉』，你怎麼能夠開口說話呢！」

大耳和尚聞聲大怒，他衝著無眉和尚說：「你不是也說話了嗎？太不像話了！」

細眼和尚一直沉默靜坐，這時卻傲視著另外三個和尚說：「哈哈！只有我沒說話了。」

看起來，「嚴以責人，寬以待己」是人性的通病，那三個得道的和尚在指責別人「說話」之時，卻不知道自己也犯下了「說話」的錯誤了。

在生活中我們要學會寬容別人，不要老看別人的不是、挑別人的毛病，應多看自己的缺點，多看別人的優點，嚴己寬人，不要嚴人寬己。

原諒就像一捧清泉，款款地抹去彼此一時的敵視，使人們冷靜下來，從而看清事情的本來緣由，同時，也看清了自己。

有這樣一個故事，說兩匹馬同行，一匹將另一匹的脖頸咬傷了，結果被咬的反而主動安慰因咬傷自己而羞愧不安的那匹馬。故事雖小，卻揭示了一種品德，那便是寬容，動物尚且懂得寬容，何況我們人類呢。

改變自己的正向智慧

一、不要在別人面前說人是非，因為這除了會讓自己造口業之外，最後也可能因為說人是非這件事而傷害了自己。

二、其實，業障深重的人，一天到晚都在看別人的過失與缺點，真正修行的人，從不會在意別人的過失與缺點，而是懂得寬容的。

正向活法64

學會寬恕別人，就是學會善待自己

當心靈選擇寬恕的時候，我們就獲得了以前無法獲得的自由。

當人們一隻腳踏在紫羅蘭的花瓣上時，它卻將香味留在了那隻腳上，這就是紫羅蘭對人們的寬恕。

一個精神病人闖進了一位醫生家裡，開槍射殺了他三個正值花樣年華的女兒，他卻仍為那精神病人治好了病。這也是寬恕。

寬恕別人對我們來說並不困難，卻也不容易。關鍵的是，心靈是如何的選擇。古語常說：「知錯能改，善莫大焉。」既然如此，面對一個人在無意中犯下的錯誤，我們為何不能寬恕呢？

「不念舊惡，不憎惡人」，學佛的人對人應該沒有隔宿之仇，「寧願天下人負我，我絕不負天下人」，就是人家有虧待我們的地方，也要原諒他，給他一個懺悔改過的機會，把惡人感化回頭，這才是真正度了眾生。

「不念舊惡」，不去報仇雪恨，這在有修養的人還容易做到；「不憎惡人」，怨憎相會的時候要不生起討厭的心來就很難。

要做到「怨親平等」，非要菩薩的心腸不可。要知道，仇恨總是相對的，你恨人，人也恨你，大家能做到怨仇宜解不易結，你原諒人，人也就原諒你。

佛道中常講究緣分，在眾生當中，兩個人能夠相遇、相識，那便是緣分。當你們如果因為仇恨而相識，不可否認的是，在你們的心裡已經牢記住了對方的名字，如果你因為整天想著如何去報復對方而心事重重，內心極端壓抑，那麼倒不如放下仇恨，寬恕對方。或許，因此你可以多一個可以談心的好朋友。

美國前總統林肯幼年曾在一家雜貨店打工。一次因為顧客的錢被前一位顧客拿走，顧客與林肯發生爭執。雜貨店的老闆為此開除了林肯，老闆說：「我必須開除你，因為你使顧客對我們店的服務不滿意，那麼我們將失去許多生意，我們應該學會寬恕顧客的錯誤，顧客就是我們的上帝。」

在許多年後，林肯當上了總統。做了總統後的林肯說，「我應該感謝雜貨店的老闆，是他讓我明白了寬恕是多麼的重要。」

正向密碼

多一份寬恕，便能讓我們多一位真正的朋友

學會寬恕別人，就是學會善待自己。仇恨只能永遠讓我們的心靈生活在黑暗之中；而寬恕，卻能讓我們的心靈獲得自由，獲得解放。寬恕別人，可以讓生活更輕鬆愉快。寬恕別人，可以讓我們有更多的朋友，還心靈一份純靜。

有一位智者，和一個朋友結伴外出旅行。在行經一個山谷時，智者一不留神滑跌了，他的朋友拼盡全力拉住他，不讓他葬身谷底。

智者得救後，執意要在石頭上鐫刻下這件事情。他的朋友問：真的有必要這樣做嗎？智者說：當然。於是，他在石頭上刻下了：某年某月某日，在經過某山谷時，朋友某某救我一命，刻完後，他們繼續自己的旅程。

有一天，在海邊，兩個人因為一件事情爭吵起來，朋友一怒之下，給了智者一耳光。智者捂著發燒的臉說：我一定要記下這件事情！他的朋友說：隨你記，我才不怕！智者於是找來一根棍子，在退潮後的沙灘上寫下了：某年某月某日，在某某海灘上，朋友某某打了我一耳光。

朋友看過之後不解地問他：你為什麼不刻在石頭上呢？智者笑了，說：我告訴石頭的，都是我唯恐忘記了的事情，我要讓石頭替我記住；而我告訴沙灘的事情都是我唯恐忘不了的事情，我要讓沙灘替我忘了。朋友聞言後，慚愧不已。

讓我們將不值得記住的事情統統交給沙灘吧，讓海水捲走那些不愉快，伴隨著新一輪朝日誕生的是你無憂的笑臉和無瑕的心。

改變自己的正向智慧

一、聰明的人懂得善待別人，不會抓著對方的錯誤不放，因為聰明的人不會緊抓著對方錯誤來懲罰自己。

二、當一個人選擇了仇恨，那麼他將在黑暗中度過餘生；而一個人選擇了寬恕的話，那麼他能將陽光灑向大地。

三、當我們放下仇恨的包袱，無論是面對朋友還是仇人，都能夠贈以甜美的微笑。

正向活法65

有時候，執著是一種重負，放棄卻是一種美麗

生活中，許多人不懂得放棄。須知，生命如同工匠手中的璞玉，不善於取捨，焉成精品？換言之，只有放棄不可能實現的夢想，才能走一條真正屬於自己的路來。

世間、身體、心理都在活動，都在變化，都在不停遷流，「桑田滄海、滄海桑田」，這世間上的一切，哪一樣有永恆性？哪一樣有實在性？

「無常」就是世間的真實，一切都好像空中的浮雲，水上的泡影，鏡裡的空花，水中的明月。世間既是無常的，生命是危脆的當然不用再說。

別項不說，就拿臺灣及日本的地震來說，每一次大地震，財產的損失，生命的死亡，都難以數計，像這樣不就是危脆嗎？

而感情也是危脆的。「業」就來自累積的妄想、念頭和感情。念頭與感情的作用有密切的關係，感情雖不是壞東西，但是一般眾生的感情，大都只針對自己的父母、子女、丈夫、兄弟姐妹和朋友等，對他人就很難流露出真情。

感情得到昇華，就是愛；愛的昇華，就是博愛；再加以昇華，就是慈悲；而慈悲的最高境界，就是大慈大悲，所謂：「無緣大慈，同體大悲。」

另一方面，感情若受到過分的發展就容易形成慾望，如偏重於肉體的佔有，到頭來就將會演變成自私而束縛的牢籠。

正向密碼

放棄了不可能有結果的愛情，才能擷取真正屬於自己的那朵玫瑰

一個哲學家，晚飯後去郊外散步，遇見一個人在那兒傷心地哭泣，哲學家問他因何如此傷心，那人回答：「失戀了。」

哲學家聞聽連連撫掌大笑道：「糊塗啊！糊塗！」

失戀者停住哭，氣憤地質問：「有學問就可以如此嘲笑愚弄別人嗎？」

哲學家搖頭道，「非我取笑你，實是你自己取笑自己啊！」

見失戀者不解，哲學家接著解釋說：「你如此傷心，可見你心中還是有愛的；既然你心中有愛，那對方就必定無愛，不然你們又何必分手？而愛在你這邊，你並沒有失去愛，只不過失去一個不愛你的人，這又有何傷心呢？我看你還是回家去睡覺吧，該哭的應是那個人，她不僅失去了你，還失去了心中的愛，多可悲啊！」

失戀人破涕為笑，恨自己對這淺顯的道理怎麼沒看透，向哲學家鞠了一個躬，轉身離去。

是啊！人生本來就不易，聚散都是福！給她個微笑吧！把悲傷留給自己，有時候執著是一種重負或一種傷害，放棄卻是一種美麗。戀愛不是慈善事業，不能隨便施捨的。

生命不能計算，越算越短；等待無法丈量，愈量愈長。

企盼有時很難變成現實，過分的執著從某種意義上說，無疑是一種沉重的負擔，甚至是一種傷害——一種對自己的傷害。人如此，情亦如此。

所以人生需要放棄。正如樹木為了長高就必須剪掉多餘的枝椏；花朵為了結果，就必須放棄自己美麗的容顏。

生活中，許多人不懂得放棄。須知，生命如同工匠手中的璞玉，不善於取捨，焉成精品？

世間最珍貴的不是得不到和已失去，而是當下能把握住的幸福。當有一天，老到走也走不動的時候，記憶深處是否還留著曾給自己感動的人、事、物，那才是一生中最大幸福和財富。

但緊抓著記憶不放，不會轉彎和回頭的人，在曲折坎坷的人生旅途中要嘛失控，要嘛停滯，要嘛悲壯。放棄是理智的選擇。只有自覺撤退，才能擁有更好地人生。

↗改變自己的正向智慧

一、感情是沒有公式，沒有原則，沒有道理可循的，可是為什麼人們至死都還在執著與追求？

二、對失戀的人來說，並沒有失去愛，只不過失去一個不愛他的人。

三、既然道路是變的，就要不斷地放棄原來的方向；既然有絕壁和死胡同，就要不斷的放棄不可能的執著。

正向活法66

心中有自在，處處都有愛的存在

是非天註定，緣分莫強求，既然上天註定要讓你們短暫牽手，然後擦肩而過，各奔東西，那也只能冷靜地接受這一切，世事和人情都是暫時的，如過眼雲煙，而真心和自在才是永恆的。

歌德失戀後創作了《少年維特之煩惱》，貝多芬失戀後創作了《獻給愛麗絲》，恩格斯失戀後隻身遊歷了整個歐洲，羅曼．羅蘭失戀後更有氣度，與自己已做他人婦的心愛戀人做了三十年的好友，自己則終身未娶，但可以想知他的內心一定是淒苦無比的吧。

是非天註定，緣分莫強求。既然上天註定要讓我們短暫地牽手，然後擦肩而過，各奔東西，然後老死不聞，如醒如醉，如幻如真，然後……讓自己冷靜地接受這一切，雖然這需要時間。

不好得到的東西，我們為什麼要想去得到呢？因為越得不到的東西，我們才會更加珍惜，因為它才是最美好的。

有一首詩說得好：「人能無著便無愁，萬境相侵一笑休。豈但中秋堪宴賞，涼天佳月即中秋。」

人在旅途，註定遇到一些這樣或那樣的磨難和誘惑，倘若陷進去，就難免為之苦惱，只要把握「看破、放下、自在」這一禪理，那麼，我們就能心無掛礙，就能體會到日日是好日，處處皆月圓。

因此，我們要學習如何昇華自己的感情，不讓它過度畸形的發展，從實踐佛法的佈施、持戒、忍辱、精進、禪定、般若（菩薩六度）中，轉化與提升自己感情的層次，使感性與理性得到平衡與協調，突破感情的樊籠，成為一個覺悟的人。

正向密碼

愛過，就不應該再恨，因為愛的反面不是恨而是遺忘

身處紅塵鬧市，能寫出「鳴琴幽谷裡，洗缽古松間」這樣嫻靜的詩句，可謂「結廬在人境，而無車馬喧」。

這是高士的自在與瀟灑。「終日吃飯不著一粒米」，這是禪師的瀟灑，也是居士的自在與瀟灑。《紅樓夢》中的惜春姑娘，「看破三春不長久」，堅定地遁入空門，「獨臥青燈古佛旁」，是這位侯門秀女的自在與瀟灑。

其實，惜春沒能出家，在家修行，出污泥而不染，更顯得難能可貴。相反，那位進入廟觀當了道姑的妙玉，由於心不清淨，招來邪魔，以致身陷泥沼，落得個不自在不瀟灑的地步。

「有情來下種，因地果還生。」今生的一切緣自前世的業力，無須抱怨別人，無須詛咒環境，該來的擋也擋不住，該去的留也留不下，就以平靜的心態坦然面對一切，化解一切。空中一個月亮，水中一個月亮，哪個是真？哪個是幻？

曾經山盟海誓的伴侶，如今投進了別人的懷抱。杜鵑何苦啼血？世事如斯，春來春去；人情如紙，雲散雲聚。佛垂下甘露之手，撫平心頭的創傷，拋開貪愛染著、嗔癡、煩惱，而以無邊的慈憫面對這世上的大千生靈。

人生不過如此！欠命的，命已還；欠淚的，淚已乾。好一似食盡鳥投林，落了片白茫茫大地真乾淨。

何去何從？偈曰：「無情既無種，無性亦無生。」

「人能無著便無愁」，這是一道真理的慧光！它給憂鬱的人打開心頭的千千情結，它給迷途的人，照亮前進的方向。要知道，愛的反面不是恨而是遺忘。

↗改變自己的正向智慧

一、有人說，得不到的東西才是最好的，其實未必，東西好不好取決於本身，與得不得到有什麼關係呢？

二、今生的一切緣自前世的業力，無須抱怨別人，無須詛咒環境，該來的擋也擋不住，該去的留也留不下，就以平靜的心態坦然面對一切，化解一切。

三、月亮總是圓的，我們不能被外在假相所迷惑；開悟的人生總是圓滿的，無論它有時候看上去是多麼支離破碎。

第六輯

世界菁英

01	拿破崙全傳：世界在我的馬背上	艾米爾路德維希	定價：320元
02	曼德拉傳：風雨中的自由鬥士	謝東	定價：350元
03	朴槿惠傳：只要不絕望，就會有希望	吳碩	定價：350元
04	柴契爾夫人傳：英國政壇鐵娘子	穆青	定價：350元
05	梅克爾傳：德國第一位女總理	王強	定價：350元
06	普京傳：還你一個奇蹟般的俄羅斯	謝東	定價：420元

職場生活

01	公司就是我的家	王寶瑩	定價：240元
02	改變一生的156個小習慣	憨氏	定價：230元
03	職場新人教戰手冊	魏一龍	定價：240元
04	面試聖經	Rock Forward	定價：350元
05	世界頂級CEO的商道智慧	葉光森 劉紅強	定價：280元
06	在公司這些事，沒有人會教你	魏成晉	定價：230元
07	上學時不知，畢業後要懂	賈 宇	定價：260元
08	在公司這樣做討人喜歡	大川修一	定價：250元
09	一流人絕不做二流事	陳宏威	定價：260元
10	聰明女孩的職場聖經	李娜	定價： 220元
11	像貓一樣生活，像狗一樣工作	任悅	定價：320元
12	小業務創大財富一直銷致富	鄭鴻	定價：240元
13	跑業務的第一本Sales Key	趙建國	定價：240元
14	直銷寓言--激勵自己再次奮發的寓言故事	鄭鴻	定價：240元
15	日本經營之神松下幸之助的經營智慧	大川修一	定價：220元
16	世界推銷大師實戰實錄	大川修一	定價：240元
17	上班那檔事--職場中的讀心術	劉鵬飛	定價：280元
18	一切成功始於銷售	鄭鴻	定價：240元
19	職來職往--如何找份好工作	耿文國	定價：250元
20	世界上最偉大的推銷員	曼尼斯	定價：240元
21	畢業5年決定你一生的成敗	賈司丁	定價：260元
22	我富有，因爲我這麼做	張俊杰	定價：260元
23	搞定自己 搞定別人	張家名	定價：260元

24	銷售攻心術	王擁軍	定價：220元
25	給大學生的10項建議： 祖克柏創業心得分享	張樂	定價：300元
26	給菁英的24堂心理課	李娜	定價：280元
27	20幾歲定好位；30幾歲有地位	姜文波	定價：280元
28	不怕被拒絕：銷售新人成長雞湯	鄭鴻	定價：280元

身心靈成長

01	心靈導師帶來的36堂靈性覺醒課	姜波	定價：300元
02	內向革命-心靈導師A.H.阿瑪斯的心靈語錄	姜波	定價：280元
03	生死講座——與智者一起聊生死	姜波	定價：280元
04	圓滿人生不等待	姜波	定價：240元
05	看得開放得下——本煥長老最後的啓示	淨因	定價：300元
06	安頓身心--喚醒內心最美好的感覺	麥克羅	定價：280元
07	捨不得 捨得是一種用金錢買不到的獲得	檸檬公爵	定價：260元
08	放不開--你爲什麼不想放過自己？	檸檬公爵	定價：260元

典藏中國：

01	三國志--限量精裝版	秦漢唐	定價：199元
02	三十六計--限量精裝版	秦漢唐	定價：199元
03	資治通鑑的故事--限量精裝版	秦漢唐	定價：249元
04-1	史記的故事	秦漢唐	定價：250元
05	大話孫子兵法--中國第一智慧書	黃樸民	定價：249元
06	速讀二十四史--上下	汪高鑫李傳印	定價：720元
08	速讀資治通鑑	汪高鑫李傳印	定價：380元
09	速讀中國古代文學名著	汪龍麟主編	定價：450元
10	速讀世界文學名著	楊坤　主編	定價：380元
11	易經的人生64個感悟	魯衛賓	定價：280元
12	心經心得	曾琦雲	定價：280元
13	淺讀《金剛經》	夏春芬	定價：210元

14	讀《三國演義》悟人生大智慧	王　峰	定價：240元
15	生命的箴言《菜根譚》	秦漢唐	定價：168元
16	讀孔孟老莊悟人生智慧	張永生	定價：220元
17	厚黑學全集【壹】絕處逢生	李宗吾	定價：300元
18	厚黑學全集【貳】舌燦蓮花	李宗吾	定價：300元
19	論語的人生64個感悟	馮麗莎	定價：280元
20	老子的人生64個感悟	馮麗莎	定價：280元
21	讀墨學法家悟人生智慧	張永生	定價：220元
22	左傳的故事	秦漢唐	定價：240元
23	歷代經典絕句三百首	張曉清 張笑吟	定價：260元
24	商用生活版《現代36計》	耿文國	定價：240元
25	禪話•禪音•禪心禪宗經典智慧故事全集	李偉楠	定價：280元
26	老子看破沒有說破的智慧	麥迪	定價：320元
27	莊子看破沒有說破的智慧	吳金衛	定價：320元
28	菜根譚看破沒有說破的智慧	吳金衛	定價：320元
29	孫子看破沒有說破的智慧	吳金衛	定價：320元
30	小沙彌說解 《心經》	禾慧居士	定價：250元
31	每天讀點《道德經》	王福振	定價：320元
32	推背圖和燒餅歌裡的歷史	邢群麟	定價：360元
33	易經：現代生活的智慧	孫三寶	定價：280元
34	《傳習錄》白話本	姜波	定價：330元
35	《史記》故事導讀	姜波	定價：340元
36	《資治通鑑》故事導讀	姜波	定價：300元
37	厚黑學全集【參】厚黑心術	李宗吾	定價：300元
38	《碧巖錄》中的100大智慧	于水音	定價：280元
39	入骨相思知不知一醉倒在中國古代情詩裡	維小詞	定價：300元
40	厚黑學全集【肆】厚黑之道	李宗吾	定價：300元
41	一本書讀懂戰國史	秦漢唐	定價：420元
42	厚黑學全集【伍】厚黑妙法	李宗吾	定價：300元

經典中的感悟

01	莊子的人生64個感悟	秦漢唐	定價：280元
02	孫子的人生64個感悟	秦漢唐	定價：280元
03	三國演義的人生64個感悟	秦漢唐	定價：280元
04	菜根譚的人生88個感悟	秦漢唐	定價：280元
05	心經的人生88個感悟	魯衛賓	定價：280元
06	論語的人生64個感悟	馮麗莎	定價：280元
07	老子的人生64個感悟	馮麗莎	定價：280元
05	易經的人生64個感悟	魯衛賓	定價：280元

三國文學館

01	三國之五虎上將 關雲長	東方誠明	定價：260元
02	三國志人物故事集	秦漢唐	定價：260元
03	三國之鐵膽英雄 趙子龍	戴宗立	定價：260元

中國四大美女新傳

01	壹 沉魚篇--西施	張雲風	定價：260元
02	貳 落雁篇--王昭君	張雲風	定價：260元
03	參 閉月篇--貂蟬	張雲風	定價：260元
04	肆 羞花篇--楊貴妃	張雲風	定價：260元

國家圖書館出版品預行編目資料

快樂悲傷選邊站：66 項正向活法智慧書 / 方向乾 著一版.

-- 臺北市 :廣達文化, 2014.9

面 ; 公分. -- （身心靈成長：9）（文經閣）

ISBN 978-957-713-556-8(平裝)

1.佛教修持

225.87 1030014134

快樂悲傷選邊站

66項正向活法智慧書

榮譽出版：文經閣

叢書別：身心靈成長 09

作者：方向乾 編著
出版者：廣達文化事業有限公司
Quanta Association Cultural Enterprises Co. Ltd
發行所：臺北市信義區中坡南路 287 號 4 樓
電話：27283588　傳真：27264126　E-mail：*siraviko@seed.net.tw*
劃撥帳戶：廣達文化事業有限公司　帳號：19805170

印　刷：卡樂印刷排版公司　裝　訂：秉成裝訂有限公司

代理行銷：創智文化有限公司
23674 新北市土城區忠承路 89 號 6 樓
電話：02-2268-3489　傳真：02-2269-6560

CVS 代理：美環文化有限公司
電話：02-27239968　傳真：27239668

一版一刷：2014 年 9 月

定　價：280 元

書山有路勤為徑

學海無涯苦作舟

書山有路勤為徑
學海無涯苦作舟